LE JAPONAIS DES **MANGAS**

INITIATION ET DÉCOUVERTE

Athéna MANGUE

Studyrama
Réussir son avenir

Sommaire

Partie 4

Partie 5

Introduction

Que ce soit pour son plaisir personnel, pour enfin chanter au *karaoke* les génériques d'animes, pour communiquer et échanger dans le *fandom otaku*, ou encore simplement pour lire et comprendre les œuvres dans leurs versions originales, il y a toujours une bonne raison d'apprendre le japonais !

Quoi qu'en dise les non-*otaku,* le japonais des mangas EST du « vrai » japonais, et si les natifs le comprennent et apprécient autant ce média, il n'y a aucune raison valable de ne pas l'utiliser pour apprendre à notre tour. La règle d'or étant de savoir quand, où, avec qui et comment utiliser les phrases apprises. Eh oui, le japonais étant une langue très codée, il serait assez mal venu de lâcher des « *dattebayo* » à la Naruto, dans n'importe quelle situation, sauf si vous souhaitez passer pour le *gaijin* (« l'étranger ») de base !

Dans ce guide parfait pour débuter, nous verrons en plusieurs étapes comment bien prononcer à la japonaise, les règles fondamentales de grammaire, du vocabulaire, mais aussi et surtout des points de culture générale qui vous permettront de décrypter l'univers manga, le vocabulaire *otaku* et les thèmes récurrents dans la bande dessinée nippone.

Gardez à l'esprit que ce livre est une introduction à tous ces thèmes et à l'apprentissage du japonais. Ici, nous ne nous attarderons ni sur l'écriture ni sur la lecture des différents alphabets. Or, la connaissance de ces deux points est une base fondamentale de l'apprentissage de la langue nippone, alors allez-y à votre rythme mais ne faites pas l'impasse dessus. Pour aller plus loin, vous pouvez toujours consulter les différents livres de nos collections, tels que *200 kanji pour débuter en japonais*, qui vous permettront de travailler votre expression écrite en profondeur.

Mille et une façons d'apprendre le japonais

L'*input*, ou la compréhension en étant exposé à la langue, est une partie primordiale de l'apprentissage, notamment quand on travaille en autodidacte. Et s'il est assez facile de travailler l'*input* en immersion, ce n'est pas impossible de le faire depuis chez soi, et de développer de bonnes habitudes pour travailler son oreille, sa compréhension et son vocabulaire.

Tout au long de ce manuel, nous nous concentrerons sur les utilisations basiques des points de grammaire abordés, utiles dans la vie de tous les jours, pour que vous puissiez les comprendre et les utiliser rapidement.

Bien que nous nous focalisions ici sur les mangas et sur la compréhension écrite, il est important de ne pas négliger sa compréhension orale. Et c'est en écoutant beaucoup de natifs que la prononciation deviendra de plus en plus facile et évidente.

Sans immersion dans le pays, et au-delà des animes, on peut toujours regarder des *streamers* japonais, des émissions de célébrités, des dramas, écouter des podcasts et des chansons d'artistes japonais, apprendre des génériques, lire des articles sur *NHK News Web Easy*... Bref, il existe toutes sortes de moyens pour s'immerger dans la langue sans avoir besoin de bouger de son canapé.

Pour travailler son *input* et son *output* (sa compréhension et son expression), n'hésitez pas à regarder en VO sans sous-titres des animes et autres émissions dont vous connaissez déjà le contenu, qui ne vous intéressent pas spécialement, ou encore que vous avez déjà vus en VF ou VOSTFR.

Écoutez et répétez les mots et phrases qui vous marquent, quitte à faire plusieurs écoutes sur le même passage. Cette technique permet de ne pas se concentrer sur ce qui est dit, le sujet, mais plus sur comment cela est dit : la vitesse, l'ordre des mots, l'intonation, etc.

Prêtez une attention particulière aux personnages posés et polis, qui auront tendance à parler un japonais politiquement correct, plutôt qu'aux personnages sanguins qui eux seront plus enclins aux abréviations et tournures de phrases plus familières.

Alliez l'utile à l'agréable

Enfin, l'essentiel est que vous vous rappeliez pourquoi vous vous êtes lancé dans ce challenge fou, et de ne pas vous décourager en cours de route. Apprendre le japonais des mangas est une manière simple et efficace d'apprendre de nouvelles choses en vous amusant, grâce à un média qui vous plaît, alors justement : faites-vous plaisir !

Apprenez en utilisant votre série favorite. Et si celle-ci s'avère trop difficile pour votre niveau, réservez-là pour plus tard ! Vous n'en serez que plus fier quand vous viendrez à bout de votre premier tome en VO.

Décortiquez chaque page certains jours, et lisez en diagonale sans entrer dans le détail et sans dictionnaire les jours de flemme, mettez une émission en fond sonore, écoutez des chansons sans vous soucier de la grammaire et du vocabulaire, etc.

Le plus important ? Continuer à faire travailler son cerveau en *nihongo* quelques minutes, voire quelques heures par jour. L'*input*, et l'immersion en général, c'est une consommation active et passive de la langue apprise, de façon à créer des automatismes, mais c'est aussi une manière de cimenter les notions fraîchement acquises.

La motivation n'est pas toujours le meilleur professeur, car elle s'effrite facilement avec le temps et avec les difficultés, et travailler sur ce qui nous plaît en priorité est le meilleur moteur pour commencer et persévérer dans une activité ambitieuse comme apprendre le japonais. Mais à cœur *shounen*, rien d'impossible !

Maintenant que les présentations et les explications générales ont été faites, trêve de bavardages et passons aux choses sérieuses !

Bon courage !

がんば
みんな、頑張ろう!

Minna, ganbarou !

Partie 1

PRÉSENTATION GÉNÉRALE DU JAPONAIS

1. Yamato-kotoba, la langue du Japon

Utilisé par plus de 120 millions de personnes au Japon et partout dans le monde, le japonais est une langue syllabique et idéographique, représentée à travers les *kanji* et les *kana*. Agglutinante de par sa structure, elle partage une grammaire proche de celle du coréen et emprunte l'histoire de ses idéogrammes à la langue chinoise.

Le japonais possède un système d'écriture complexe : un triple système composé des *kanji* (ou les idéogrammes) et des *kana*, avec les *hiragana* et les *katakana*. Adopté vers le XIIe siècle, ce système offre aux Japonais une nouvelle liberté d'écriture dans leur langue maternelle.

Malgré une prononciation assez facile pour un français, la structure grammaticale du japonais est, elle, à mille lieues des langues indo-européennes, rendant son apprentissage parfois mal aisé, et d'autant plus complexifié par ses niveaux de langue, où le rang des interlocuteurs affecte fortement le dialogue.

Apprendre le japonais demande rigueur et patience, les natifs eux-mêmes ont besoin de plusieurs années d'apprentissage pour maîtriser les *kanji*.

La mondialisation n'ayant pas épargné l'archipel, on trouve dans la langue nippone de nombreuses transformations et évolutions.
Par exemple, malgré l'existence de *kanji* numériques, les chiffres arabes sont eux aussi utilisés en plus des chiffres traditionnels. Autre point intéressant, l'alphabet latin est utilisé pour taper phonétiquement les mots japonais, et les logiciels se chargent de « traduire » le mot en *kanji* ou *kana* selon le besoin.

À NOTER

Comme toutes les langues vivantes, le japonais aime emprunter des mots et expressions à ses voisins et partenaires, et adopte de plus en plus dans la langue courante des mots étrangers, appelés *gairaigo*. Ces derniers proviennent principalement de l'anglais, mais pas que.

Ainsi, on dira naturellement « *teburu* » (table), « *orenji* » (orange), « *biiru* » (bière), « *garasu* » (« *glass* » en anglais ou verre), « *aisu* » (« *ice* » glace), « *takushi* » (taxi), « *pan* » (pain), « *hoteru* » (hôtel), « *bakansu* » (vacances) et bien d'autres.

Importés depuis le monde occidental, ces mots entrent dans le vocabulaire japonais à partir du XVIIe siècle et s'utilisent quotidiennement, partout et par tous dans l'archipel nippon.

2. Les *kanji*

Avant le IVe siècle avant J.-C., le japonais n'a pas encore de système d'écriture. Ce sont les moines bouddhistes chinois qui démocratisent ce qui deviendra aujourd'hui le japonais moderne.

Apparus avant les *kana*, les *kanji* constituent la majorité du vocabulaire japonais. Il en existe plusieurs dizaines de milliers, parmi lesquels seuls quelque 2 000 signes officiels sont utilisés à plus de 90 % dans le langage courant actuel. Les *kanji* sont le résultat de l'appropriation de l'écriture chinoise, transformés et classés pour s'adapter aux spécificités de la langue japonaise.

De ce fait, les *kanji* ont deux lectures : la lecture dite *on*, issue de la langue chinoise, et la lecture dite *kun*, issue de la langue japonaise. Il est fréquent de trouver des *kanji* associés tantôt à des *kana* (comme 食べる *taberu*, « manger »), isolés, ou encore associés à d'autres *kanji* (comme 食堂 *shokudou*, « salle à manger ») pour former un mot ou un concept.

C'est cette plurilecture qui rend les *kanji* si complexes et à la fois si intéressants, car une fois appris, et même sans en connaître la bonne lecture, on peut déduire l'idée d'un mot grâce aux *kanji* dont il se compose.

Pour apprendre les *kanji*, rien de mieux que la répétition ! Soit la lecture de mangas, d'articles écrits en japonais facile, des applications avec des *flashcards* soit encore la bonne vieille méthode du papier et du stylo, avec un peu d'huile de coude. Les Japonais eux-mêmes n'y coupent pas et doivent, dès le plus jeune âge, apprendre leurs *kanji* comme nous récitons nos mots invariables et nos tableaux de conjugaison.

LIVRE, BASE, ORIGINE

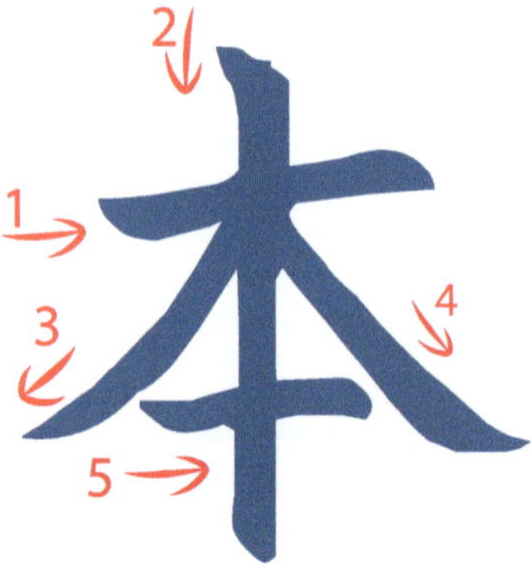

5 traits
kun : moto
ON : HON

Entraînement

Exercez-vous à tracer le *kanji* ci-dessus correctement.

3. Les kana

Distincts et complémentaires, les *kana* sont composés de deux alphabets syllabiques de 46 caractères chacun, les *hiragana* et les *katakana*.

Les *hiragana* sont essentiellement utilisés en complément de *kanji*, en éléments grammaticaux - terminaison et particule -, ainsi qu'en *furigana*, les caractères que l'on trouve au-dessus des *kanji* pour pouvoir les lire correctement. C'est pourquoi ils sont le premier alphabet phonétique que les enfants et apprenants japonais doivent connaître.

À l'inverse, les *katakana* ne servent en théorie qu'en transcription de vocabulaire d'origine étrangère.

Pour former des syllabes complexes, le japonais utilise des voyelles plus petites, créant ainsi une nouvelle syllabe, par exemple :

« しょ *sho* », « ぎゃ *gya* », « ぴょ *pyo* », etc.

Cela vaut pour les *hiragana* et les *katakana*.

Les *kana* pouvant prendre une taille plus petite sont :
あ *a*, い *i*, う *u*, え *e*, お *o*, や *ya*, ゆ *yu*, よ *yo* et つ *tsu*.

LE SAVIEZ-VOUS ?

Durant la première partie de l'ère Heian (794-967) les *hiragana* étaient considérés comme l'affaire des femmes, ces dernières n'ayant pas le droit d'utiliser les *kanji,* alors que les *samurai*, eux, utilisaient de plus en plus les *katakana* pour communiquer. Il faudra attendre l'ère Meiji pour voir le japonais se standardiser et devenir le système que l'on connaît actuellement.

Tableaux des *hiragana*

	A	I	U	E	O
	あ a	い i	う u	え e	お o
K	か ka	き ki	く ku	け ke	こ ko
S	さ sa	し shi	す su	せ se	そ so
T	た ta	ち chi	つ tsu	て te	と to
N	な na	に ni	ぬ nu	ね ne	の no
H	は ha	ひ hi	ふ fu	へ he	ほ ho
M	ま ma	み mi	む mu	め me	も mo
Y	や ya	– –	ゆ yu	– –	よ yo
R	ら ra	り ri	る ru	れ re	ろ ro
W	わ wa	– –	– –	– –	を wo
	ん -n				

G	が ga	ぎ gi	ぐ gu	げ ge	ご go
Z	ざ za	じ ji	ず zu	ぜ ze	ぞ zo
D	だ da	ぢ ji	づ zu	で de	ど do
B	ば ba	び bi	ぶ bu	べ be	ぼ bo
P	ぱ pa	ぴ pi	ぷ pu	ぺ pe	ぽ po

KY	きゃ kya		きゅ kyu		きょ kyo
GY	ぎゃ gya		ぎゅ gyu		ぎょ gyo
SH	しゃ sha		しゅ shu		しょ sho
CH	ちゃ cha		ちゅ chu		ちょ cho
NY	にゃ nya		にゅ nyu		にょ nyo
HY	ひゃ hya		ひゅ hyu		ひょ hyo
BY	びゃ bya		びゅ byu		びょ byo
PY	ぴゃ pya		ぴゅ pyu		ぴょ pyo
MY	みゃ mya		みゅ myu		みょ myo
RY	りゃ rya		りゅ ryu		りょ ryo

Tableaux des katakana

	A	I	U	E	O
	ア a	イ i	ウ u	エ e	オ o
K	カ ka	キ ki	ク ku	ケ ke	コ ko
S	サ sa	シ shi	ス su	セ se	ソ so
T	タ ta	チ chi	ツ tsu	テ te	ト to
N	ナ na	ニ ni	ヌ nu	ネ ne	ノ no
H	ハ ha	ヒ hi	フ fu	ヘ he	ホ ho
M	マ ma	ミ mi	ム mu	メ me	モ mo
Y	ヤ ya	–	ユ yu	–	ヨ yo
R	ラ ra	リ ri	ル ru	レ re	ロ ro
W	ワ wa	–	–	–	ヲ wo
	ン -n				

G	ガ ga	ギ gi	グ gu	ゲ ge	ゴ go
Z	ザ za	ジ ji	ズ zu	ゼ ze	ゾ zo
D	ダ da	ヂ ji	ヅ zu	デ de	ド do
B	バ ba	ビ bi	ブ bu	ベ be	ボ bo
P	パ pa	ピ pi	プ pu	ペ pe	ポ po

KY	キャ kya		キュ kyu		キョ kyo
GY	ギャ gya		ギュ gyu		ギョ gyo
SH	シャ sha		シュ shu		ショ sho
CH	チャ cha		チュ chu		チョ cho
NY	ニャ nya		ニュ nyu		ニョ nyu
HY	ヒャ hya		ヒュ hyu		ヒョ hyo
BY	ビャ bya		ビュ byu		ビョ byo
PY	ピャ pya		ピュ pyu		ピョ pyo
MY	ミャ mya		ミュ myu		ミョ myo
RY	リャ rya		リュ ryu		リョ ryo

4. Le romaji

Le *romaji* vient du mot romanisation, et il s'agit simplement de la transcription du japonais dans une écriture latine.

Servant principalement pour retranscrire des mots japonais pour les Occidentaux (signalétique dans les villes, gares, aéroports) les *romaji* sont notamment utilisés pour écrire un texte sur un clavier latin, qui sera converti par la suite en japonais. Eh oui, les claviers japonais ont plusieurs signes sur chaque touche, des lettres latines, des chiffres arabes, des signes de ponctuation et des *kana*.

Bien que très pratique, le *romaji* n'est pas à proprement parler du japonais. C'est simplement une béquille dont il faut se défaire le plus vite possible lors de son apprentissage. De plus, cette écriture simpliste a ses limites, notamment quand on parle de *kanji*, souvent homophones, et des voyelles longues.

Il existe deux méthodes de romanisation :
- la méthode américaine Hepburn, destinée aux apprenants japonais : elle facilite la lecture correcte du japonais pour les Occidentaux ;
- la méthode Kunrei, basée sur le *Nippon-shiki,* destinée aux Japonais.

Ces deux méthodes créent quelques irrégularités quant à l'écriture du *romaji*.
Par exemple, dans le système Hepburn, « たちつてと » sera écrit « ta, chi, tsu, te, to ». En Kunrei, ces sons sont épelés « ta, ti, tu, te, to ».

Dans ce manuel, nous suivrons principalement la méthode Hepburn, car plus proche de la prononciation finale des syllabes japonaises, tout en explicitant les syllabes longues (exemple *okaasan* pour *okāsan*) afin de vous habituer à l'écriture correcte des mots japonais.

5. La prononciation

De par son alphabet syllabique, la phonétique japonaise est assez restreinte ; ce qui nous facilite la tâche en tant qu'apprenant !

En clair, en tant que Français, tant que vous connaissez vos *kana*, vous pouvez parfaitement prononcer un mot en japonais sans en connaître la signification.

Les consonnes

Commençons par le plus simple : les consonnes.

En japonais, elles n'ont qu'une seule et même prononciation. Sans s'attarder sur les consonnes se prononçant comme en français, voyons plutôt les différences avec la langue de Molière, grâce à des mots issus du célèbre manga *Naruto* de Masashi Kishimoto :

- le **F** de « *fu* /ふ » se prononce, entre le /f/ et le /h/, la bouche en petit « o » presque comme quand on siffle /fh'ou/ ;
- le **H** est simple à prononcer, mais il est parfois difficile de s'en rappeler. Il se prononce comme en anglais dans /Harry/, quand on rit « hahahah », etc. On dit donc /KonoHa/ et non pas /Konoa/ pour le nom du village de la feuille. Attention à bien le prononcer, car les mots avec ou sans h sont courants et pas du tout synonymes (exemple : *osoi* = lent et *hosoi* = fin) ;
- le **G** est toujours dur et se prononce toujours comme dans /gare/, pour *Hokage*, on dit donc /Hokagué/ et non pas /Okaje*/ ;

- le **S** se prononce toujours /ss/ comme dans /Sasuke/ ou dans /rasengan/ ;
- le **SH** se prononce toujours comme notre /ch/ dans /chat/ ou dans /sharingan/ ;
- le **CH** ne se prononce jamais comme /chat/ et toujours /tch/ comme dans /caoutchouc/ ou /atchoum/, on prononcera donc /Itatchi Utchioua/ et non pas /Itashi* Ushiva*/ ;
- le **R** est assez doux, entre le /r/ et le /l/, voire carrément /l/ chez certaines personnes. C'est très certainement la lettre la plus compliquée à prononcer comme un japonais, mais même si vous vous trompez et que le /r/ est très appuyé, cela ne changera pas fondamentalement le mot, contrairement aux consonnes précédentes, donc pas la peine de se prendre trop la tête dessus ;
- le **W** se prononce /ou/ et jamais /v/ comme dans /wagon/. Si on reprend l'exemple du nom de famille de Sasuke, Uchiwa se prononce donc /Utchioua/ et non pas /Ushiva/ ;
- enfin le **N** seul, noté ん/ン en *kana* comme dans /hon/ (livre), se prononce /m/ quand il précède un « m », « b » ou « p ». On dit donc /gambatte/ et non pas /ganbatte/ et /sempai/ et non pas /senpai/.

LE SAVIEZ-VOUS ?

Le « *wa* / は » de 今日は - *konnichiwa* - est en réalité un « ha » se prononçant /wa/. D'ailleurs, utilisé en particule grammaticale « は » se prononce toujours /wa/ et il ne s'agit pas d'une exception. を « *wo* » se prononce /o/ et へ « *he* » se prononce /é/[1].

1. Voir la partie sur les particules japonaises, pp. 54-78.

Passons maintenant aux voyelles. En japonais, on trouve deux sortes de voyelles : les simples et les doubles.

Les voyelles simples

Sans surprise, **A**, **I**, et **O** se prononcent comme à la française.

E se prononce toujours en /é/ comme dans « nez » ou /kazé/ (vent).

U se situe entre le /ou/ et le /eu/, et **point très important** il est muet en fin de phrases sur l'auxiliaire *desu* et la terminaison *-masu**.

U est une voyelle très subtile (reloue) : normalement sonore, si elle est suivie d'une syllabe en s, t, k, h/f, elle est presque muette. C'est pourquoi les mots comme *sukiyaki*, Sasuke, et l'expression « *shitsurei shimasu* » se disent /skiyaki/, /saské/, /shitsréé shimass/.

BON À SAVOIR

On prononcera toujours « ai » comme /aï/ comme « haïr » et jamais comme « j'aime ».

De même, on prononcera toujours /oï/ comme « héroïne » et non pas comme « oiseau » ou « moi ».

On dira donc :

あい (amour) /aï/

うえ (haut, au-dessus) /ué/

あおい (bleu) /aoï/

Les voyelles doubles

On appelle *chouon* les syllabes dont la voyelle est doublée et la prononciation allongée.

En *hiragana*, les voyelles longues finissant en « a あ », « i い » et « u う » sont simplement écrites avec une voyelle supplémentaire du même son. En *katakana*, la voyelle allongée est suivie d'une barre ー.

Attention, car à l'oral si la voyelle longue n'est pas tenue, les mots peuvent drastiquement changer de sens, et potentiellement mener à des situations embarrassantes ! Quelques exemples :

しゅじん		しゅうじん
shujin	VS	shuujin
mari		prisonnier
おばさん		おばあさん
obasan	VS	obaasan
tante		grand-mère
おじさん		おじいさん
ojisan	VS	ojiisan
oncle		grand-père
ビル		ビール
biru	VS	biiru
immeuble		bière

Du côté des sons « /é/ え » et « /o/ お », on trouve des exceptions à l'écrit.

En effet, la longue voyelle /é/ peut s'écrire en ajoutant un « え e » ou un « い i ». On aura donc :

Kana	Romaji	Français
おねえさん	oneesan	grande sœur
せんせい	sensei	professeur
きれい	kirei	beau, propre

Pour représenter la longue voyelle /o/, on trouve parfois à l'écrit un double « oo », et plus souvent « syllabe en o + u », selon le mot :

Kana	Romaji	Français
おおきい	ooki	grand
しょうねん	shounen	jeune garçon
がっこう	gakkou	école

LE SAVIEZ-VOUS ?

Quand on utilise un clavier japonais ou que l'on cherche un mot japonais dans un dictionnaire, il est primordial de savoir quelles sont les voyelles longues pour pouvoir correctement écrire le mot en *hiragana* et, par conséquent, le trouver en *kanji*. Par exemple, Tokyo et Osaka n'existent pas en japonais, en revanche :

Toukyou 東京→とうきょう
et *Oosaka* 大阪 → おおさか oui !

Les consonnes doubles

Omniprésentes dans les terminaisons verbales, les doubles consonnes appelées *sokuon* sont représentées par un petit *tsu,* っ en *hiragana* et ッ en *katakana*, qui se place avant la syllabe de la consonne doublée. En *romaji*, on utilise une double consonne pour représenter ce phénomène. Car, en effet, pour dire le mot correctement, il faut créer une pause entre les consonnes doublées. C'est une des rares fois où le *romaji* permet de clairement prononcer un mot japonais. Quelques exemples :

Kana	Romaji	Français
がっこう	gakkou	école
けっこん	kekkon	mariage
いっぴき	ippiki	un animal
いっしょく	isshoku (long « sh »)	un repas
いっさい	issai	un an
きっと	kitto	sûrement, sans doute
にっぽん	nippon	Japon
ずっと	zutto	toujours, longtemps

L’accent japonais ?

Si le japonais n’est pas une langue tonale comme le chinois, il existe quand même des différences d’accentuations. Sans aller dans le détail, il est bon de savoir que les mots peuvent avoir leurs propres accentuations, où une ou plusieurs syllabes sont accentuées par rapport au reste du mot. Cela donne un effet « chantant » à la langue nipponne.

De plus, ils sont rares mais quelques mots changent de sens si l’accentuation est en début, en fin de mot, ou encore absente de la prononciation.

Homonymes aux accents différents :

ame : pluie / *ame* : bonbon

hashi : baguette / *hashi* : pont

aku : démon / *aku* : ouvrir

Pas d’inquiétude cependant, selon le contexte, tout le monde comprendra si vous veniez à inverser et à dire par erreur que vous souhaitez « traverser les baguettes » ou « manger avec un pont ». Le meilleur moyen de pratiquer étant encore de répéter les mots prononcés par un natif dans les animes, dramas et autres vidéos en japonais.

LE SAVIEZ-VOUS ?

Les accents régionaux changent parfois la façon dont les mots sont accentués ! On dira alors *ame* (bonbon), et *ame* (pluie) avec l’accent d’Osaka.

Partie 2

COMPRENDRE LES TERMES DU MANGA

1. Le genre du manga

La littérature, la poésie et la transmission par l'écriture et l'image ont toujours eu une place prépondérante dans la culture et l'histoire du Japon. Les mangas, arrivés dans les années 70 dans nos librairies françaises, sont depuis bien plus longtemps une institution dans la culture nippone.

D'abord prépubliés en feuilleton - c'est-à-dire un chapitre par semaine dans un journal spécialisé dans les histoires du même genre -, les mangas sont consommés à leur sortie dans des magazines, où les maisons d'édition testent les titres auprès du public. Être prépublié est considéré comme un aboutissement et un honneur pour les mangakas, d'autant que les places en « sérialisation » dans les magazines hebdomadaires sont chères et difficiles à obtenir. La longue sérialisation, c'est le but de tout auteur, c'est ce moment où la série sort en tomaison, comme ceux que l'on connaît en Europe, et où les offres d'adaptation en animes, dramas, *live play* ou encore jeux vidéo commencent à apparaître.

Dominant largement le secteur de la publication manga, la Shueisha est la maison d'édition de référence dans ce secteur. Elle a été fondée depuis une branche de la Shougakukan (maison d'édition japonaise) en 1925 et son magazine phare, le *Weekly Shounen Jump*, a publié les plus gros succès de ces dernières décennies. Allant de *Dragon Ball* à *One Piece* en passant par *Bleach*, *Hunter x Hunter*, *Death Note*, *Naruto* et leur plus gros succès de 2020 *Demon Slayer* (ou *Kimetsu no Yaiba* en VO), la Shueisha se spécialise dans les mangas *shounen*, c'est-à-dire les mangas pour « garçons ».

En France, les mangas ont été introduits au grand public grâce aux adaptations animes, diffusées à la télévision dans les années 70, avec *Goldorak* de Gō Nagai et *Le Roi Léo* d'Osamu Tezuka.

Démocratisés plus tard grâce au « Club Dorothée » de TF1, la Cinq et Canal+, les animes sont massivement regardés par la jeunesse française sans distinction de genre ni de tranche d'âge. Alors qu'au Japon les animes pour public plus averti passent de nuit, les Français les découvrent aux heures de grande écoute.

2. Les différents genres dans le manga

Deuxième plus grande consommatrice de mangas après le Japon, la France a la chance de voir son catalogue de mangas s'étoffer année après année. Mais tout comme dans l'univers de la BD, les mangas ne constituent pas un grand groupe homogène, bien au contraire. On retrouve une richesse culturelle dans le manga, semblable à celle de la littérature, avec différents genres bien distincts.

D'un point de vue marketing, la grande famille du manga se découpe en plusieurs catégories relatives à leur lectorat cible. Bien que l'action/aventure soit plus souvent associée au genre *shounen* et la romance au *shoujo*, rien n'empêche de trouver de la romance dans un *shounen* (*Beastars, Video Girl Aï*), et de l'action dans un *shoujo* (*Sailor Moon, Cardcaptor Sakura*). De plus, au sein de chaque catégorie, on trouvera des sous-genres : fantastique, sports, science-fiction, art, *mecha*, tranche de vie, horreur, comédie, policier, et bien d'autres.

LE SAVIEZ-VOUS ?

Les catégories sont uniquement une organisation marketing et ne sont absolument pas représentatives du lectorat final. Un *shounen* comme *Haikyuu!!*, manga de volleyball de Haruichi Furudate, a été largement porté par la gent féminine, engouement décuplé par la suite grâce à l'anime et autres produits dérivés.

Par ailleurs, de nombreux dramas populaires japonais inspirés de mangas sont des adaptations de *shoujo* et de *josei*, etc.

De plus, alors que les *shounen* sont en majorité écrits par des hommes, quelques grands succès de ces dernières années, tels que *Fullmetal Alchemist, D.Gray-man, Blue Exorcist, Black Butler, The Promised Neverland, Hitman Reborn!, Kekkaishi, Tsubasa Reservoir Chronicles* et *Kimetsu no Yaiba*, ont été écrits par des femmes.

Tour d'horizon des différences entre les catégories de mangas

少年 *Shounen*

Définition : « jeune garçon », public : 10-17 ans.

Les thématiques *shounen* se concentrent sur l'action, l'aventure, l'amitié, les combats, le sport, etc. Ces mangas sont souvent initiatiques et les personnages à sang chaud (*nekketsu*) s'avèrent très populaires dans cette catégorie.

Titres populaires shounen :

Death Note, Tsugumi ŌBA et Takeshi OBATA
12 tomes

Demon Slayer - Kimetsu no Yaiba, Koyoharu GOTOUGE - 23 tomes

Détective Conan, Gōshō AOYAMA
En cours

Bleach, Tite KUBO
74 tomes

Dragon Ball, Akira TORIYAMA
42 tomes

One Piece, Eiichirō ODA
En cours

Haikyuu!!, Haruichi FURUDATE
45 tomes

Naruto, Masashi KISHIMOTO - 72 tomes

Jujutsu Kaisen, Gege AKUTAMI
En cours

Slam Dunk, Takehiko INOUE - 31 tomes

少女 Shoujo

Définition : « jeune fille », public féminin : 10-17 ans.

Les thématiques *shoujo* se concentrent souvent sur la romance, le drama, les tranches de vie, l'école, mais pas seulement. On trouve dans les grandes figures du style *shoujo* beaucoup de « *mahou shoujo* », un sous-genre fantastique où les personnages sont pourvus de pouvoirs magiques (*Kiki la petite sorcière*).

Titres populaires *shoujo* :

Fruits Basket, Natsuki TAKAYA
23 tomes

Fushigi Yuugi, Yuu WATASE
18 tomes

Glass Mask, Suzue MIUCHI
En pause

Hana Yori Dango, Yōkō KAMIO
37 tomes

Sawako (Kimi ni todoke), Karuho SHIINA - 18 tomes

Sailor Moon, Naoko TAKEUCHI
18 tomes

Nana, Ai YAZAWA
En pause

青年 *Seinen*

Définition : « jeune homme »,
public : 15-30 ans+.

Les personnages principaux des *seinen* peuvent être masculins ou féminins mais toujours jeunes adultes ou plus. Les thématiques *seinen* ont tendance à être plus matures, parfois *ecchi*[2] (avec des fétichismes), sombres, voire dépressives. En effet, si les thèmes *shounen* sont parfois simplistes, avec des gentils et des méchants bien définis, les *seinen* eux ont tendance à être portés autant sur l'action que sur la psychologie des personnages beaucoup moins manichéens. Si les *shounen* mettent l'accent sur l'effort, la victoire, l'amitié, les *seinen* peuvent se focaliser sur des problèmes de société, ennuyant pour un jeune public, mais aussi des tranches de vie, des comédies et des tragédies, l'acceptation, le deuil, etc.

Titres populaires seinen :

Berserk, Kentarō MIURA, puis Kōji MORI - En cours

Vagabond, Takehiko INOUE
En pause

Gantz, Hiroya OKU
37 tomes

Space Brothers, Chūya KOYAMA
En cours

20th Century Boys, Naoki URASAWA - 22 tomes

Akira, Katsuhiro ŌTOMO
6 tomes

One-Punch Man, ONE et Yusuke MURATA
En cours

2. Voir vocabulaire p. 142.

Tokyo Ghoul, Sui ISHIDA
30 tomes

Kingdom, Yasuhisa HARA
En cours

JoJo's Bizarre Adventure, Hirohiko ARAKI
En cours

4 女性 *Josei*

**Définition : « les femmes »,
public féminin : 15-30 ans+.**

Pendant du *shoujo* plus mature, les thématiques des *josei* tournent généralement autour des relations amoureuses plus sexualisées et moins légères que dans leur contrepartie *shoujo*, le célibat, le travail, le mariage, etc. Il s'agit souvent de tranches de vie de personnages féminins ancrés dans la vie d'adulte.

Titres populaires josei :

Saiyuki, Kazuya MINEKURA
En cours (ex-publication shounen)

Otaku Otaku – Wotaku no koi wa muzukashii, FUJITA - 11 tomes

Kids on the Slope, Yuuki KODAMA - 10 tomes

Nodame Cantabile, Tomoko NINOMIYA - 23 tomes

Kimi wa pet – Au pied, chéri !, Yayoi OGAWA - 14 tomes

5 やおい *Yaoi*

Définition : Attribué au grand Osamu Tezuka, le terme *yaoi* serait l'acronyme de « *yama nashi, ochi nashi, imi nashi* » ou « pas d'apogée, pas de dénouement, pas de sens ».

Le *yaoi*, considéré par certains comme le *hentai* pour femmes, a bien évolué depuis les années 80.

Plus communément appelé « BL » pour « *Boy's Love* » au Japon, le *yaoi* vise les lectrices de *josei* intéressées par des romances gays, fatiguées des personnages *shoujo*, souvent « féticruches » et soumises. Né à travers les *doujinshi*, mangas amateurs reprenant le monde et les personnages de mangas officiels, le *yaoi* utilise les codes du *shoujo* et du *josei* avec des styles épurés et des personnages masculins plus matures - et intéressants - que dans les mangas pour filles. En général, les gays boudent le *yaoi*, préférant se tourner vers le style *bara* et les mangas gays, avec des personnages moins caricaturaux et androgynes. Niveau thème, le *yaoi* peut tout autant aller de la tranche de vie en famille, aux scènes de sexe frôlant le *hentai*, en passant par des intrigues plus poussées dans le monde des *yakuza*.

Titres populaires yaoi :

Given, Natsuki KIZU
En cours

Twittering birds never fly, Kō YONEDA - En cours

Sekaiichi Hatsukoi, Shungiku NAKAMURA - En cours

10 dance, Satō INOUE
En cours

Le jeu du chat et de la souris, Setona MIZUSHIRO
2 tomes

Junjou Romantica, Shungiku NAKAMURA
En cours

百合 *Yuri*

Définition : De « *yurizoku* », « fleur de lys ».

Souvent assimilé à la littérature *esu*, ou littérature lesbienne, le *yuri*, ou « *Girl's Love* », est en quelque sorte le pendant du *yaoi* au féminin.

Centré sur l'intimité entre femmes, le *yuri* se focalise sur les relations émotionnelles, sentimentales ou encore sexuelles entre ces dernières. Contrairement au *yaoi*, les rapprochements charnels y sont très limités mais l'écriture scénaristique, le cadre et les thèmes peuvent s'en rapprocher. Le *yuri* s'apparente d'ailleurs plus souvent au *shounen ai* qu'au *yaoi*, le premier étant une version soft, très romancée et sentimentale du genre *boy's love*.

De plus, une œuvre peut être considérée *yuri* sans pour autant viser une démographie adulte ou jeune adulte. On trouve notamment des couples ou des thématiques *yuri* dans bon nombre de *shoujo*, sans pour autant que le manga entier à l'étranger soit considéré *yuri*, exemple avec *Sailor Moon,* qui est vu comme un monument dans la culture *yuri* au Japon à cause de la relation entre Sailor Uranus et Neptune, alors que l'œuvre de Naoko Takeuchi est considérée comme un *mahou shoujo* (une fille avec des pouvoirs magiques) dans sa pure tradition en France.

Titres populaires yuri :

Bloom into you, Nio NAKATANI
8 tomes

Citrus, SABURŌTA
En cours

Strawberry Panic, Sakurako KIMINO - 18 tomes en *light novel*

Netsuzou Trap – NTR, Naoko KODAMA - 6 tomes

3. Le sens de lecture

Dans la pratique, le japonais traditionnel se lit verticalement de haut en bas et de droite à gauche. C'est vrai pour la littérature, les mangas, les journaux, etc. En fait, la quasi-totalité des imprimés japonais suit la lecture traditionnelle - manuels et autres livres pratiques exceptés.

Sur internet, en revanche, le sens de lecture suit celui des langues occidentales, de haut en bas et de gauche à droite. Dans les deux cas, les mots sont rarement séparés par des espaces blancs (sauf dans les textes pour enfants) car les particules, *kanji* et terminaisons suffisent à rythmer la lecture du japonais.

En France, les éditeurs ont fait le choix de suivre la lecture à la japonaise, les livres commencent donc à l'envers des livres habituels, et la lecture des bulles se fait de droite à gauche et de haut en bas.

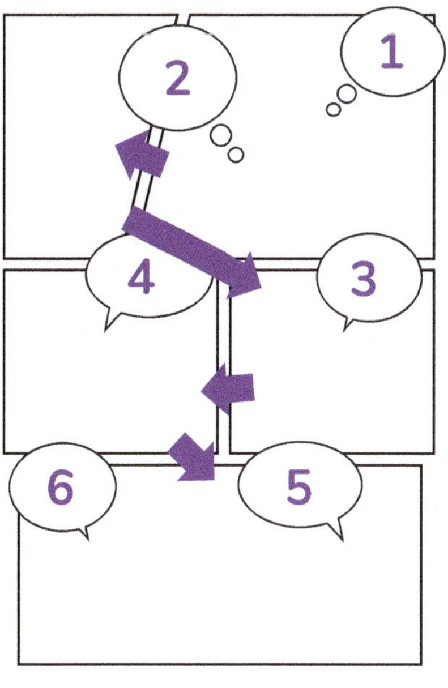

4. Les furigana

Omniprésents dans les lectures pour « enfants », ils se font rares dans les lectures d'adultes. C'est quoi un *furigana* ? C'est le ou les *hiragana* qui, inscrits à droite des *kanji* en petits caractères, permettent de lire et donc de prononcer correctement les *kanji* avec lesquels ils sont associés.

On trouve beaucoup de *furigana* dans les *shounen* et les *shoujo* et plus rarement dans les autres styles de manga. Dans ces derniers, seuls les noms des personnages, les lieux ou des mots complexes et/ou rares auront leurs *furigana* associés. Enfin, si vous avez l'occasion de lire des magazines comme le *Weekly Shounen Jump* en VO, vous verrez que la grande taille de ces magazines rend la lecture des *furigana* aisée, ce qui n'est plus du tout le cas quand les mangas passent dans le format habituel de poche, où les *kana* peuvent sembler minuscules. Malgré cette difficulté, lire des mangas en japonais reste encore le meilleur moyen pour apprendre et s'exercer à la lecture et à la syntaxe du japonais.

Quelques recommandations de mangas à lire en japonais pour débutants et intermédiaires :

- *Yotsuba&!*, Kiyohiko AZUMA,
  comédie / tranche de vie, difficulté ★
- *Shirokuma Café*, Aloha HIGA,
  comédie / tranche de vie, difficulté ★
- *Karakai Jouzu no Takagi-san*, Soichiro YAMAMOTO,
  comédie / tranche de vie, difficulté ★★
- *Slam Dunk*, Takehiko INOUE,
  sport / comédie, difficulté ★★

お前何さま?!
舐めるんじゃねぇよ!!

Partie 3

APPRENDRE LES BASES

1. Pour bien commencer

Grammaire, conjugaison, vocabulaire, *kanji*... Par quoi commencer quand on souhaite apprendre à parler et à lire en japonais ? Nous venons de voir que la connaissance des *kana* est primordiale pour lire ses premiers mangas en VO et éventuellement apprendre la langue à l'écrit. Mais quelle est l'étape suivante ? La grammaire.

Et pas n'importe quoi dans la grammaire. Il est des bases fondamentales qu'il vaut mieux maîtriser avant de vouloir s'aventurer dans les phrases alambiquées, des *kanji* composés et de la conjugaison complexe.

Mais quels sont les éléments les plus importants pour commencer à pratiquer la langue de Miyazaki ?

La première chose à savoir pour comprendre la langue, c'est que l'ordre des mots est souvent inversé par rapport à la syntaxe française. Cela signifie que le verbe ou l'auxiliaire vient se placer à la fin de la phrase.

C'est une gymnastique de la chaussette à l'envers, où il faut penser sa phrase dans le sens inverse français pour la construire en japonais.

Français

Sujet – verbe – complément.

La souris mange du fromage.

VS

Japonais

Sujet – complément – verbe.

Nezumi wa cheezu wo tabemasu.

Moins important qu'en français, l'ordre des compléments n'est pas fixe au sein de la phrase. Retenez simplement qu'en général les éléments de contextualisation se trouvent en début de phrase, les différents compléments sont centraux et les verbes et/ou auxiliaires se trouvent en fin de phrase.

La deuxième chose à savoir, c'est que les particules permettent de comprendre la phrase grammaticalement, et que la grammaire, bien plus que le vocabulaire, est un des éléments les plus importants. Sans grammaire, on peut facilement comprendre un mot de-ci de-là sans jamais comprendre de quoi on parle !

Enfin, **la troisième chose à savoir**, c'est que les natifs omettent beaucoup de mots, de particules et même parfois de finir leurs phrases si ces dernières sont évidentes pour le lecteur / spectateur. En règle générale, plus la phrase (ou la formule de politesse) est courte, plus le style sera courant voire très familier !

Il y a toujours des écarts entre l'apprentissage dans les manuels et l'utilisation d'une langue, et lire (ou regarder) plusieurs types de contenus permet peu à peu de comprendre les nuances de la langue.

2. Desu

Commençons par la fin de la phrase avec *desu / da*.

Qu'est-ce que ce « *desu* » qu'on entend si souvent à la fin des phrases japonaises ?

Desu est un auxiliaire d'état à la forme polie, qui permet de créer des phrases nominales simples : « c'est un chat », « je suis Tanaka », « c'est chaud », « j'aime les mangas », etc. Toutes ces phrases sont formées grâce à l'auxiliaire *desu*, qui prend le rôle d'auxiliaire et de verbe d'état.

Desu suit directement le nom qu'il décrit, et il se prononce /dèss/.

À la forme neutre, il devient *da*.

ねこです。

Neko desu : c'est un chat.

田中です。

Tanaka desu : je suis Tanaka.

暑いです。

Atsui desu : c'est chaud.

漫画が好きです。

Manga ga suki desu : j'aime les mangas.

Dans le langage informel, entre amis, en famille, etc., les Japonais ont tendance à supprimer ce *desu/da* et à n'utiliser que le nom/adjectif pour signifier qu'une chose « est ».

Conversation informelle entre deux enfants à la cour de récré :

うわ〜!ネコ!!

Uwa ! neko !

Ouah ! un chat !

え———?どこ?

E— ? doko ?

Hein ? où ça ?

あそこ!ヤッホー猫ちゃん!

Asoko ! Yahoo nekochan !

Là-bas ! Bonjour le p'tit chat !

...ねこじゃ無い、キツネだよ!

...Neko ja nai, kitsune da yo !

... C'est pas un chat, c'est un renard ça !

Conversation entre deux amis se rencontrant dans un bar :

よーはなちゃん!
久々だね!元気?

Yoh Hana-chan ! Hisabisa da ne ! Genki ?

Salut Hana-chan, ça fait un bail !
Comment ça va ?

ゆうちゃん! 元気、元気!調子は
どう?? あ、でも取りあえず、生!

Yuu-chan ! Genki, genki ! Choushi wa dou ?
Ah, demo, toriaezu, nama !

Yuu-chan ! Ça va ! Et toi, quoi de neuf ?
Ah mais d'abord, commandons à boire !

Puisqu'on peut l'omettre sans problème de compréhension, on peut se demander s'il sert encore à quelque chose d'apprendre à utiliser *desu*. Eh bien la réponse est oui !

Il existe un grand nombre d'exceptions à la suppression du *desu*, mais en premier lieu, n'oublions pas que quand on parle à un inconnu, il vaut mieux utiliser la forme polie pour faire une bonne première impression.

Dans le cas de « *ja nai* » et des formes négatives neutres en général, ajouter *desu* permet d'élever la phrase à la forme polie.

Enfin, l'ajout de *desu* et *da* dans une conversation informelle permet aussi d'appuyer son argument.

Voici la façon dont *desu* se décline, selon le registre, la nature ou encore le temps :

Traduction	Formes	Phrases
C'est un étudiant.	Polie	学生です。 Gakusei desu.
	Neutre	学生だ。 Gakusei da.
Ce n'est pas un étudiant.	Polie	学生ではありません。 Gakusei de wa arimasen.
	Neutre	学生じゃない。 Gakusei janai.
C'était un étudiant.	Polie	学生でした。 Gakusei deshita.
	Neutre	学生だった。 Gakusei datta.
Ce n'était pas un étudiant.	Polie	学生ではありませんでした。 Gakusei de wa arimasen deshita.
	Neutre	学生じゃなかった。 Gakusei ja nakatta.
Est-ce que c'est un étudiant ?	Polie	学生ですか？ Gakusei desu ka ?
	Neutre	学生なの？ Gakusei na no ?

BON À SAVOIR

Les différentes combinaisons avec « *de wa* » / « *ja* » et « *nai* » / « *arimasen* » sont nombreuses, et bien que « *de wa* » soit encore appris comme la forme polie, notez que les formules sont interchangeables et que c'est surtout l'utilisation du « *nai* » ou du « *arimasen* » qui rend le tout informel ou poli.

Pour faire un parallèle facile, on peut les comparer avec notre négation « ne… pas ». De nos jours, à l'oral, on omet systématiquement le « ne », bien qu'il soit encore enseigné comme la règle pour la négation.

3. Ko-so-a-do ?

« *Ko* », « *so* », « *a* » et « *do* » sont les premières syllabes des adjectifs et pronoms démonstratifs en japonais (ce, cet, cette, ces, celles, celui, etc.). Ils se fondent sur la distance entre le locuteur et l'interlocuteur :

- les « *ko-* » se réfèrent aux choses proches du locuteur ;
- les « *so-* » sont proches de l'interlocuteur ;
- les « *a-* » sont loin des deux ;
- les « *do-* » sont les adjectifs démonstratifs interrogatifs.

Si, en français, il n'y a pas vraiment de différence d'un point de vue de la distance entre ce, celui-ci, celui-là, cette, celle, etc., il faudra faire attention à bien utiliser le bon *ko-so-a-do* selon le contexte.

Tableau récapitulatif des *ko-so-a-do* :

	ko-	so-	a-	do-
Pronom	これ kore	それ sore	あれ are	どれ dore
Chose	この kono + nom	その sono + nom	あの ano + nom	どの dono + nom
Lieu	ここ koko	そこ soko	あそこ asoko	どこ doko
Direction	こちら kochira	そちら sochira	あちら achira	どちら dochira

Les adjectifs à utiliser avec les choses et finissant par *-no* sont forcément suivis d'un nom et ne peuvent pas s'utiliser seuls, sauf quand ils traduisent l'hésitation du locuteur dans une conversation (« *ano... sono...* » qui se traduit par « euh... bah... »).

Les pronoms en *-re* peuvent remplacer les « *-no* + nom », et ne sont eux-mêmes jamais suivis par un nom :

この店で買った。		これで買った。
Kono mise de katta.	VS	Kore de katta
Je l'ai acheté dans ce magasin.		Je l'ai acheté là.

Les adjectifs se terminant par *-chira* peuvent remplacer les *-re* et *-ko* dans le discours poli, et sont notamment utilisés par les employés de service, au restaurant, dans les magasins, etc.

これは誰ですか?		こちらはどなたですか?
Kore wa dare desu ka ?	VS	Kochira wa donata desu ka ?
Qui est cette personne ? (personne loin de soi)		Qui êtes-vous ? (personne en face de soi)

あそこでお待ちください。		あちらでお待ちください。
Asoko de omachi kudasai.	VS	Achira de omachi kudasai.
Veuillez patienter là-bas, svp.		Merci de bien vouloir patienter là-bas, svp.

4. Les particules

En japonais, le sens de la phrase est porté par ce qu'on appelle les particules. Ce sont des éléments grammaticaux primordiaux permettant de relier les mots les uns aux autres et de les hiérarchiser.

Alors qu'en français l'ordre des mots définit le sens de la phrase (Ex. : « le chat mange la souris » et « la souris mange le chat » ne veulent pas du tout dire la même chose), cet ordre n'a pas autant d'importance en japonais - la phrase gardant son sens tant que les particules sont associées aux bons mots.

Dans une phrase, les particules permettent, entre autres, de savoir quel élément est le verbe, le sujet, le COI, le COD, etc. Quand on a de la chance, les particules ont des équivalents directs, mais plus souvent il faudra utiliser d'autres éléments grammaticaux - ou tournures de phrase - pour que la syntaxe soit juste en français.

Pour traduire correctement une phrase, il faut donc comprendre la relation entre les mots et y ajouter nos articles, prépositions et autres éléments de la langue française. À l'inverse, on retirera le superflu français pour créer une phrase japonaise.

Ici, nous ne verrons que les **fonctions principales** de chaque particule mentionnée, mais notez qu'il en existe beaucoup, avec leurs utilisations et exceptions, et elles peuvent changer de sens selon le contexte.

Les particules wa et ga

は / *wa* et が / *ga* sont des particules nécessaires à la description d'un sujet. C'est sûrement les particules les plus casse-tête quand on commence le japonais, alors essayons de faire au plus simple.

Première chose à savoir, は est l'*hiragana ha* qui, utilisé en tant que particule, est prononcé /wa/. S'il est retranscrit « *wa* » dans la plupart des manuels, n'oubliez pas que c'est は qui sera écrit en japonais !

La formule : A *wa/ga* B *desu*.

A : sujet ou thème
B : nom ou adjectif

Exemples :

さくらは可愛いですね。

Sakura wa kawaii desu ne.

Sakura est mignonne, n'est-ce pas ?

これがラメンです。

Kore ga ramen desu.

C'est des ramens.

LE SAVIEZ-VOUS ?

S'il s'agit de deux particules distinctes à l'écrit, le problème, c'est qu'en traduction littérale, il n'y a aucune différence ! Dans les livres de grammaire, il est souvent expliqué que *wa* définit le thème de la phrase et *ga* définit le sujet. C'est vrai, mais en pratique ce n'est pas très utile. En français, le sujet se confond souvent avec le thème de la phrase, donc comment les différencier ?

Wa : L'information la plus importante vient APRÈS « は ».

Quand on dit que *wa* définit le thème, c'est parce que la particule sert précisément à contextualiser et à expliciter de quoi on parle. En général, elle introduit une nouvelle idée, et peut se traduire par « en parlant de A... », « à propos de A ». Elle explicite le contexte de la phrase générale.

Ga : L'information la plus importante vient AVANT « が ».

La particule *ga* met en valeur le mot qu'elle précède et le différencie du reste des autres sujets potentiels.

1) 私は薫です *Watashi wa* ***Kaoru desu.***

2) 私が薫です ***Watashi*** *ga Kaoru desu.*

Grammaticalement les deux sont justes. Alors, quelle est la nuance ?

1) Kaoru dit juste « En parlant de moi, je suis Kaoru ».

2) « C'est moi qui suis Kaoru » : Il met en valeur qu'il **est** Kaoru, impliquant que ce n'est pas son voisin qui s'appelle Kaoru, ou encore qu'il est le seul et l'unique Kaoru.

Si on reprend l'exemple précédent :

Sakura wa **kawaii desu ne.**
À propos de Sakura, elle est mignonne.

➡ Ça ne veut pas dire que les autres ne le sont pas.

Kore ga ramen desu.
Ça, ce sont des ramens !

➡ Les autres plats ne sont donc pas des ramens.

Conversation entre Sakura et Hitomi :

クラスメイトの中で、
誰が好きですか？

Kurasumeito no naka de, dare ga suki desu ka ?

Qui est-ce que tu aimes parmi
tes camarades de classe ?

ええ？あの…その…
教えてあげないよ！

Eh ? Ano... sono... oshiete agenai yo !

Hein ? Euh... bah... je te le dirai pas !

Ici, avec *dare,* on isole une personne parmi un groupe. Avec *dare*, on utilise toujours *ga*, car « qui » est l'élément important de la phrase, ce n'est pas le thème général mais bien le sujet principal.

Wa + *ga* dans la même phrase ?

Quand on a *wa* et *ga* dans la même phrase, *wa* se réfère au thème tandis que *ga* va faire office de particule du sujet en mettant l'accent sur le sujet.

Discussion au déjeuner entre Sakura, Alice et Nicolas :

和食の中で、好きな食べ物はなんですか？

Washoku no naka de, suki na tabemono wa nan desu ka ?

Quels sont les plats que vous aimez dans la cuisine japonaise ?

えとー、私は納豆だけは食べられないです。

Hm... watashi wa natto dake wa taberarenai desu.

Hmm... en ce qui me concerne, il n'y a que le *natto* que je ne peux pas manger.

僕は寿司と焼肉が好きです。

Boku wa sushi to yakiniku ga suki desu.

Moi, j'aime les *sushi* et les *yakiniku*.

Chaque personne dit ce qu'elle aime grâce au « moi » *wa*. Dans la réponse de Nicolas, *ga* sert à isoler ce qu'il aime, ce n'est pas n'importe quel plat, mais les *sushi* et les *yakiniku* et donc on utilise bien *wa* pour évoquer un nouveau thème et *ga* pour distinguer des autres éléments.

BON À SAVOIR

Les exceptions :

- quand la phrase est négative, on utilise *wa* ;
- on peut utiliser *ga* sans prétention pour parler de son propre passé ou de son futur.

Toutes ces règles et ces exceptions ne sont pas faciles à retenir, mais ne perdez pas espoir ! Même si cela ne paraîtra pas naturel aux natifs, on vous comprendra si vous vous trompez entre *ga* et *wa*, et c'est avec l'entraînement oral et écrit que l'on retient le mieux, donc continuez à pratiquer !

La particule wo

を / *wo* prononcée /o/ est une des particules les plus utilisées et son fonctionnement est très facile à comprendre : *wo* relie le COD au verbe. En clair, *wo* indique sur quoi l'action du verbe est faite.

La formule : COD + *wo* + verbe

En japonais, le verbe vient toujours à la fin du groupe verbal, on dit donc « je un film regarde » et pas « je regarde un film ». Si le sujet est évident, pas besoin de l'inclure dans la phrase.

Peu importe ce qui vient avant *wo*, c'est sur cet élément que le verbe va se réaliser/s'effectuer.

Exemple :

さくらは仁美に勧められた新しいマンガを読みました。

Sakura wa **Hitomi ni susumerareta atarashii manga** wo **yomimashita**.

Sakura **a lu** **le nouveau manga que Hitomi lui a conseillé**.

➡ Qu'est ce qui a été lu ? Le nouveau manga que Hitomi a conseillé.

Discussion entre Sakura et Kaoru à l'heure de l'étude :

薫くん、何してんの?

Kaoru-kun, nani shiten no ?

Kaoru-kun, tu fais quoi ?

英語を勉強してるよ。どうして?

Eigo wo benkyou shiteru yo. Doushite ?

Je travaille mon anglais, pourquoi ?

➡ Qu'est ce qui est étudié ? L'anglais.

今日はコンビニで新しいクランプを買った。読みたい?

Kyou wa konbini de atarashii CLAMP wo katta. Yomitai ?

J'ai acheté le nouveau CLAMP aujourd'hui à la supérette. Tu veux le lire ?

➡ Qu'est-ce qui est acheté ? Le nouveau manga de CLAMP.

BON À SAVOIR

1. Ce qui vient avant *wo* peut être un nom ou un groupe nominal (le nouveau CLAMP), ou un groupe verbal.
2. On ne peut pas utiliser *wo* sur tous les verbes (car tous les verbes ne prennent pas de COD, comme, en français, dormir, se lever, parler, etc.)

La particule no

La particule の / *no* a plusieurs fonctions principales : elle marque la possession de A sur B ; et permet de créer des adjectifs possessifs (mon, ta, son...). *No* a bien d'autres fonctions, mais concentrons-nous sur les plus courantes dans les mangas pour l'instant.

No, adjectif possessif

La formule : A + *no* + B

Utilisée avec des pronoms (*watashi no, anata no, xxx-san no*), *no* permet de créer des adjectifs possessifs (mon, ton, son, etc.). Utilisée entre deux noms, elle signifie « le B de A ». Attention à ne pas oublier l'inversion car le sens changera complètement.

Exemples :

私のりんご	watashi no ringo	ma pomme
あんたの制服	anta no seifuku	ton uniforme
さくらさんの友達	sakura-san no tomodachi	amie de Sakura
日本語の本	nihongo no hon	livre de japonais
フランスのワインです。	furansu no wain desu.	C'est du vin français.

Les autres fonctions de *no* : nominaliser un groupe verbal, poser une question dans un langage neutre, insister, remplacer un nom...

Toutes ces règles ne sont pas compliquées, mais elles sont nombreuses, et ce n'est pas forcément utile de s'encombrer la tête pour le moment avec toutes les variations. Néanmoins, il convient d'en retenir quelques-unes.

No à la place de *ka*

か / *ka* est la particule interrogative, elle se place en fin de phrase après le verbe conjugué ou *desu*. Sa forme neutre/familière est *no*.

Conversation entre Kaoru et Sakura à la pause déjeuner :

ねえ、薫くん、週末何をするつもりなの？

Nee, Kaoru-kun, shuumatsu nani wo suru tsumori nano ?

Dis, Kaoru, t'as prévu quoi pour le week-end ?

土曜日、水族館に行くんです。

Doyoubi, suizokuka ni ikun desu.

Samedi, je vais à l'aquarium.

[un peu plus tard...]

どうして食べないの？

Doushite tabenai no ?

Pourquoi tu manges pas ?

おなかがすいてないんです。

Onaka ga suitenai n desu.

J'ai pas faim.

No desu / n desu

Dans les deux exemples précédents, on peut voir dans les réponses *n desu*.

No desu (neutre) / *n desu* (informel) permettent d'expliquer, d'insister ou de demander une confirmation sur le mot ou le groupe nominal précédant le *no* ou le *n*. Le mot précédent doit toujours être à la forme neutre.

Discussion entre une mère et son fils :

どうしてお兄さんと
散歩しなかったの？

Doushite oniisan to sampo shinakatta no ?

Pourquoi t'es pas parti faire un tour avec ton frère ?

寒いだから。		寒いんだから。
Samui dakara.	VS	*Samuin dakara.*
Il fait froid. (constat simple)		Bah parce qu'il fait froid…

La particule *ni*

に / *ni* est une des particules les plus utilisées, et c'est principalement parce qu'elle s'applique à de nombreuses situations. Elle indique notamment un point fixe dans le temps ou l'espace. Voyons ensemble trois utilisations au quotidien :

- *ni* pour marquer la destination d'un verbe de mouvement ;
- *ni* pour marquer le COI d'un verbe ;
- *ni* pour localiser dans l'espace.

Ni pour marquer la destination

Quand on utilise les verbes de déplacement *kuru* (venir), *iku* (aller), *okuru* (envoyer) ou *kaeru* (rentrer), la destination sera marquée par *ni*.

La formule : destination *ni* + verbe

Exemples :

来年日本に行こうと思ってます。

Rainen nihon **ni ikou to omottemasu**.

Je pense **aller au Japon** l'année prochaine.

りゅうたは学校に来ました。

Ryuuta wa **gakkou ni kimashita**.

Ryuuta est **venu à l'école**.

Ni en COI

Quand on veut marquer le COI, « à qui » est fait le verbe, on utilise *ni*.

La formule : à qui + *ni* (complément) + verbe

Exemples :

昨日しょうとはお母かあさんに
手紙を送くりました。

Kinou Shouto wa **okaasan ni** tegami wo okurimashita.

Hier Shouto a envoyé une lettre **à sa mère**.

Ici, la mère de Shouto est le COI et la destination de l'envoi, donc on utilise *ni*, et on ajoute le complément (*tegami wo*) avant le verbe.

僕にはちょっとむずかしいです。

Boku ni wa chotto muzukashii desu.

C’est un peu compliqué pour moi.

Ni pour localiser dans l’espace

Enfin, *ni* est aussi la particule qu’on utilise pour localiser les choses. Pour exprimer l’idée de « il y a quelque chose / quelqu’un », on doit utiliser les verbes *iru*/*aru* (être) : être animés / vivants avec *iru* et objets inanimés avec *aru*.

Exemples :

パソコンはテーブルの上にあります。

Pasokon wa teeburu no ue ni *arimasu.*

L’ordinateur est sur la table.

ここに住んでいません。

Koko ni *sunde imasen.*

Je ne vis pas ici.

BON À SAVOIR

On utilise *ni* pour introduire les dates et les heures précises ; dans des prépositions (ici, là, à l'intérieur, au-dessus, devant, etc.) ; pour fabriquer des adverbes à partir de na-adjectifs ; pour marquer la fréquence, etc.

Bref, *ni* a tellement d'utilisations et d'exceptions qu'il est difficile de toutes les recenser ici, mais comme pour toutes les particules, le plus simple est encore de les apprendre dans des situations, en écoutant des natifs les utiliser, quitte à se tromper et se faire corriger par la suite.

La particule he

Prononcée /é/, la particule へ / *he* est très similaire à *ni*, à la différence qu'elle marque le déplacement/mouvement vers la destination, alors que *ni* marque la destination finale.
Parfois, leurs sens se confondent, mais il existe des cas où *he* et *ni* ne sont pas interchangeables.

La formule : lieu + *he* + verbe de déplacement

Exemples :

明日、箱根**へ行きます**。

Ashita, Hakone **he ikimasu**.

Demain, on **va à** Hakone.

日本**へ**ようこそ。

Nihon **he** youkoso.

Bienvenue au Japon.

La particule de

De pour indiquer comment se fait l'action

La particule で / *de* prononcée /dé/ est utilisée pour dire comment se déroule une action. En règle générale, le « comment » indique la méthode utilisée, l'outil, le matériau, le transport, etc.

Formule : outil/moyen/méthode + *de*

Exemples :

新幹線で神戸に行きます。

*Shinkansen **de** koube ni ikimasu.*

Je vais à Kōbe **cn** shinkansen.

ひろは携帯でビデオを撮りました。

*Hiro wa keitai **de** video wo torimashita.*

Hiro a pris une vidéo **avec** son téléphone.

えりはSNSで友達に写真を送りました。

*Eri wa SNS **de** tomodachi ni shashin wo okurimashita.*

Eri envoie des photos à son amie **sur** les réseaux sociaux.

De pour indiquer où se fait l'action

Quand on souhaite expliciter où se passe une action, on peut utiliser *de*.

Formule : lieu d'action + *de*

Exemp

さくらは毎週原宿で買物しています。

Sakura wa maishuu harajuku ***de*** *kaimono shite imasu.*

Sakura va faire du shopping **à** Harajuku toutes les semaines.

レストランでお寿司を食べます。

Resutoran ***de*** *osushi wo tabemasu.*

Je mange des *sushi* **au** restaurant.

La particule to

To pour lier deux noms

Une des fonctions principales de と / *to* est de connecter deux noms/pronoms.
Elle peut se traduire par « et » ou « avec » ; et contrairement au français, si elle se traduit par « et », elle ne peut pas coordonner deux phrases indépendantes.

Formule : nom + *to* + (nom)

Exemples :

来年友達とカナダに行きたい。

Rainen tomodachi **to** Canada ni ikitai.

Je veux aller au Canada **avec** une amie l'année prochaine.

パンケーキを作るために卵とミルクを買いました。

Pankeeki wo tsukuru tame ni tamago **to** miruku wo kaimashita.

J'ai acheté des œufs **et** du lait pour faire des pancakes.

To pour marquer la citation

Généralement utilisée avant des verbes tels que *omou* (penser), *iu* (dire), *kangaeru* (réfléchir), etc., *to* permet de marquer la citation d'une parole rapportée, que le verbe soit ou non un verbe de discours.

Les formules : citation + *to* + verbe
i-adjectif + *to* + verbe
verbe neutre + *to* + verbe
na-adjectif / nom + *da* + *to* verbe

Exemples :

君は「うそだ」と言った。

Kimi wa « uso da » **to** itta.

Tu as dit « c'est un mensonge ».

私は「うそだ」と分かっていました。

Watashi wa « uso da » **to** wakatte imashita.

J'ai compris que c'était un mensonge.

「ファミリーマート」と言う コンビニ。

« *FamilyMart* » **to** *iu* konbini.

Le *konbini* (la supérette) **qui** s'appelle FamilyMart.

La particule *tte*

Très importante à l'oral, la particule って/ *tte* peut remplacer *to* à certaines occasions. Elle est très utilisée par les natifs, bien plus que *to* lors des citations ! Cette connaissance vous sera bien utile dans vos lectures de mangas puisque les personnages utilisent bien plus souvent un langage informel que poli.

Arrivant à une fête, Sakura est abordée par Hitomi :

さくらちゃん！一人で来るの？
薫くんはどこ？

Sakura-chan ! Hitori de kuru no ?
Kaoru-kun wa doko ?

T'es venue toute seule ? Où est Kaoru-kun ?

「ファミリーマート」って言うコンビニ
に行って、すぐ来るって言った。

« FamilyMart » tte *iu konbini ni itte, sugu kurutte itta.*

Il est parti au *konbini* « FamilyMart »,
il a dit qu'il revenait vite.

Quand *wa* devient *tte*

Toujours en langage informel, *tte* peut remplacer *wa*, notamment quand la discussion portait déjà sur ce qui précédait le *tte*.

Tomoyo, ayant entendu la discussion entre Sakura et Hitomi :

ねえ、ねえ、「薫くん」って誰？彼氏？

Nee, nee « Kaoru-kun » tte dare ? *kareshi* ?

Hey, hey, c'est qui « Kaoru-kun » ? ton petit ami ?

違うよ！クラスメイトだってば！

Chigau yo ! Kurasumeito datteba !

C'est faux ! Je t'ai dit que c'était un camarade de classe !

To pour exprimer le conditionnel

Le conditionnel japonais peut être créé, entre autres, en utilisant la particule *to*, et se traduit par « si / quand » (selon le contexte). Cette particule s'utilise quand on parle de relations de cause à effet, et non pas pour exprimer des sentiments, pensées, croyances, etc.

Les formules : verbe neutre + *to*
i-adjectif + *to*
nom / na-ajdectif + *da* + *to*

Exemple :

右に曲がるとファミリーマートというコンビニがあります。

Migi ni magaru to *FamilyMart* to iu *konbini ga arimasu.*

Si on tourne à droite, il y a un *konbini* appelé FamilyMart.

Ya : le *to* approximatif

Quand on énonce une liste d'éléments, や / *ya* est un peu le « etc. » européen. Alors qu'on utilise *to* pour une liste finie, *ya* insinue que la liste n'est pas exhaustive, ou qu'on donne des exemples.

Discussion entre Kaoru et Sakura, en chemin pour aller à la soirée d'Hitomi :

誰がパーティーに来るの?

Dare ga paatii ni kuru no?

Qui vient à la fête ?

ともちゃんや れんくんや日向さんなど。

Tomo-chan ya, Ren-kun ya, Hinata-san nado.

Tomo-chan, Ren-kun, Hinata-san et les autres.

Les particules kara et made

L'intervalle

から / *kara* et まで / *made* permettent de marquer des intervalles, entre un point de départ et d'arrivée.

Les formules : A + *kara* B + *made*

A + *kara* : de A, depuis A, à partir de A...

B + *made* : jusqu'à B, à B...

東京から名古屋まではどのぐらい掛かりますか?

Toukyou **kara** Nagoya **made** wa dono gurai kakarimasuka ?

Combien de temps cela prend-il d'aller **de** Tokyo **à** Nagoya ?

朝から夜まで 働きます。

Asa **kara** yoru **made** hatarakimasu.

Je travaille du matin au soir.

午後三時から来て 下さい。

Gogo san ji **kara** kite kudasai.

Viens **à partir de** 15 heures.

最後までがんばってね！

Saigo **made** ganbatte ne !

Fais de ton mieux **jusqu'au** bout !

Point important : utilisées seules, les particules *kara* et *made* peuvent changer de sens, c'est le contexte qui permet de déterminer si on parle d'intervalle ou d'autre chose.

Kara pour exprimer la raison ou la cause

Formule : la raison *kara* le résultat
na-adjectif / nom + *dakara*
i-adjectif + *kara*
verbe forme neutre + *kara*

Exemples :

貧乏だから買えません。

Binbou **dakara** kaemasen.

Littéralement : parce que je suis pauvre, je ne peux pas l'acheter.

Je ne peux pas l'acheter **car** je suis pauvre.

忙しいから、映画館に行けません。

Isogashii **kara**, eigakan ni ikemasen.

Je ne peux pas aller au cinéma **parce que** je suis occupé.

***Made* : même (rencherir)**

Formule : nom + *made*

Exemples :

ケヴィンさんは和食が好きだそうです。納豆まで食べます!

Kevin-san wa washoku ga suki da sou desu. Nattou **made** tabemasu !

Kevin semble aimer la cuisine japonaise. Il mange **même** du natto (graines de soja fermentées).

あんたまで僕をバカにするの?

Anta **made** boku wo baka ni suru no ?

Même toi tu te moques moi ?

La particule *ka*

Principalement utilisée pour former des questions, か / *ka* est une des premières particules apprises quand on commence le japonais. Voyons ensemble les différentes utilisations de la particule en exemples.

Ka ?

La formule : phrase + *ka*

Pour poser une question simple, il suffit de créer une phrase affirmative et d'y ajouter *ka* après le verbe.

Conversation entre deux collègues :

マンガがすきですか?

Manga ga suki desu ka ?

Tu aimes les mangas ?

うん、すきですよ!

Un, suki desu yo !

Oui, beaucoup !

Si la discussion est informelle, les particules – le *ka* notamment – ont tendance à disparaître, et seule l'intonation montante permet de montrer l'interrogation.

Conversation entre deux colocataires :

今夜、何をしたい?

Konya, nani wo shitai ?

Tu veux faire quoi ce soir ?

ちょっと疲れちゃったから、チルしたい…
ネットフリックス見たいかも。

Chotto tsukarechatta kara, *chill shitai... netflix mitai kamo.*

Je suis claquée, je veux juste me détendre...
mater Netflix ou quelque chose.

BON À SAVOIR

Attention, quand on souhaite parler de manière formelle, on évite l'association « verbe *ru* + *ka* », donnant des « *taberu ka ?* » (tu manges ?) « *iku ka ?* » (tu y vas ?), etc.

Si on retrouve cette manière de parler dans les animes et les mangas *shounen/seinen*, c'est une manière assez brusque pour s'adresser à autrui, on utilisera davantage la forme neutre + *no* (*taberu no ?*) et *'n desu ka* (*ikun desu ka ?*), toutes deux beaucoup plus naturelles.

x ou *y*

La formule : nom + *ka* + nom + *ka*

On peut utiliser *ka* pour marquer l'inconnu. En clair, on l'utilise pour lier deux noms et dire qu'on ne sait pas lequel entre « x ou y ou z », ce qui donnera « x *ka*, y *ka*, z *ka* », Parfois, la dernière particule *ka* peut être omise, notamment quand elle est devant la particule *ga* ou *wo*.

Exemple :

ラーメンか、そばか、どっちにする?

Raamen **ka**, soba **ka**, docchi ni suru ?

Tu choisis quoi, des ramens **ou** des sobas ?

Ka na...

La formule : phrase + *ka na*

Ka na permet de former des phrases interrogatives qu'on se pose à soi-même, des suggestions, exprimer ses envies, etc. On traduira cette formule par « je me demande si » et toutes les variantes possibles.

明日雨が降っているか**なぁ**…

Ashita ame ga futte iru **kanaa**...

Je me demande s'il va pleuvoir demain...

同窓会 のパーティー に行こう**かなぁ**…

Dousoukai no party ni ikou **kanaa**...

Est-ce que je vais à la réunion des anciens élèves ou pas...

Souka, sokka

Enfin, la dernière utilisation basique de *ka* est le *ka* d'affirmation ou de compréhension.

Exemple :

昨日は雪でした**か**.

Kinou wa yuki deshita **ka**.

Ah, il a neigé hier !

Ici, comme pour marquer la question, la particule *ka* se place en fin de phrase, mais le ton ne monte pas, voire il descend. Ce *ka* montre la réalisation ou la compréhension d'un événement.

Conversation entre Shaolan et Sakura :

週末花火を見に行きたい?

Shuumatsu hanabi wo mi ni ikitai ?

Tu veux aller voir les feux d'artifice ce week-end ?

週末はちょっと… ごめんね!

Shuumatsu wa chotto... gomen ne !

Ce week-end c'est un peu (compliqué)... Désolée !

そっか… ドンマイ!

Sokka... donmai !

D'accord... t'inquiète !

Sokka, contraction de « *sou desu ka* », est un terme particulièrement utile et utilisé dans les discussions de tous les jours pour marquer la compréhension. Il peut se traduire de multiples façons selon le contexte « je vois », « d'accord », « je comprends », « ah okay ! », etc.

5. Les adjectifs *i* et *na*

Il existe deux sortes d'adjectifs en japonais : les i-adjectifs et les na-adjectifs.

Les i-adjectifs finissent toujours en -i, les autres sont appelés na-adjectifs car ils ont besoin de la particule *na* pour modifier le nom qu'ils qualifient, et fonctionnent comme des noms communs.

Quelques exemples :

大きいテレビ

ooki terebi

une grande télé

面白いアニメ

omoshiroi anime

un anime intéressant

有名な声優

yuumei **na** *seiyuu*

un doubleur célèbre

素敵な人

suteki **na** *hito*

une personne magnifique

La particularité des i-adjectifs, c'est qu'ils se comportent comme les verbes. On aura donc un adjectif « conjugué » au présent, au passé, au négatif, au négatif passé, etc.

Les na-adjectifs, eux, ne peuvent pas se décliner. C'est l'auxiliaire qui recevra la déclinaison pour les faire passer au passé, négatif, etc.

Exemples de construction d'adjectifs avec l'auxiliaire *desu* :

ヒナタは親切です。		*ヒナタは親切なです。
Hinata wa shinsetsu desu.	VS	**Hinata wa shinsetsu na desu.*
Hinata est gentille.		*Incorrect

ヒナタは親切な人です。 *Hinata wa shinsetsu na hito desu.* Hinata est une personne gentille.	VS	*ヒナタは親切人です。 **Hinata wa shinsetsu hito desu.* *Incorrect
ヒナタはひどいです。 *Hinata wa hidoi desu.* Hinata est horrible.	VS	*ヒナタはひどいなです。 **Hinata wa hidoi na desu.* *Incorrect

Tableau récapitulatif des déclinaisons simples des i-adjectifs

Exemple avec l'adjectif *takai* (cher) :

	Neutre / Informel	Poli
Présent cher	高い takai	高いです takai desu
Négatif pas cher	高くない takakunai	高くないです takakunai desu 高くありません takaku arimasen
Passé était cher	高かった takakatta	高かったです takakatta desu
Passé négatif n'était pas cher	高くなかった takakunakatta	高くなかったです takakunakatta desu 高くありませんでした takaku arimasen deshita

L'exception de « *ii* »

ii est un adjectif très commun, et il est bon de savoir l'utiliser et le décliner, vu le nombre de fois qu'on s'en sert dans la vie de tous les jours.

En tant que dérivé de *yoi*, sa construction se base sur *yoi* pour créer les déclinaisons de « bien » et « bon » comme ci-dessous.

	Neutre / Informel	Poli
Présent bien/bon	いい ii	いいです ii desu
Négatif pas bien /pas bon	良くない yokunai	良くないです yokunai desu 良くありません yoku arimasen
Passé était bien/bon	良かった yokatta	良かったです yokatta desu
Passé négatif n'était pas bien/bon	良くなかった yokunakatta	良くなかったです yokunakatta desu 良くありませんでした yoku arimasen deshita

Tableau récapitulatif des déclinaisons simples des na-adjectifs

Exemple avec l'adjectif *yuumei* (célèbre) :

	Neutre / Informel	Poli
Présent est célèbre	有名だ yuumei da	有名です yuumei desu
Négatif n'est pas célèbre	有名じゃない yuumei ja nai	有名じゃありません yuumei ja arimasen 有名ではありません yuumei dewa arimasen
Passé était célèbre	有名だった yuumei datta	有名でした yuumei deshita
Passé négatif n'était pas célèbre	有名じゃなかった yuumei ja nakatta	有名ではありませんでした yuumei dewa arimasen deshita

Quelques adjectifs opposés utiles

Kana	Romaji	Français
暑い	atsui	chaud (température)
寒い	samui	froid (température)
暖かい	atatakai	tiède (au toucher)
冷たい	tsumetai	froid (au toucher)

新しい	atarashii	nouveau
古い	furui	vieux
早い	hayai	tôt
遅い	osoi	tard
いい良い	ii / yoi	bien, bon
悪い	warui	mauvais, médiocre
長い	nagai	long
短い	mijikai	court
美味しい	oishii	bon, délicieux
不味い	mazui	mauvais, dégueu
多い	ooi	beaucoup
少ない	sukunai	peu
大きい	ooki	grand
小さい	chiisai	petit
高い	takai	haut
低い	hikui	bas
高い	takai	cher
安い	yasui	pauvre, pas cher
強い	tsuyoi	fort
弱い	yowai	faible

易しい	yasashii	facile, simple
難しい	muzukashii	difficile
面白い	omoshiroi	intéressant
詰まらない	tsumaranai	sans intérêt
甘い	amai	doux, sucré
辛い	karai	épicé, salé
奇麗	kirei (na)	propre, beau
汚い	kitanai	sale
賑やか	nigiyaka (na)	joyeux (son)
煩い	urusai	bruyant (son)
便利	benri (na)	utile
無駄	muda (na)	inutile
好き	suki (na)	aimé
嫌い	kirai (na)	détesté
簡単	kantan (na)	facile, simple
大変	taihen (na)	dur, pénible

Quelques na-adjectifs qui finissent en -i

Avez-vous remarqué que certains na-adjectifs se finissent aussi en -i ? Eh oui, à chaque règle, on trouve des exceptions, et les mots comme *yuumei* (célèbre), *suki* (aimé) ou encore *kirei* (beau) sont bien des na-adjectifs ! Ne vous laissez plus avoir par ces faux amis en apprenant cette petite liste non exhaustive :

Kanji	Kana	Romaji	Français
安易	あんい	ani	facile
不快	ふかい	fukai	déplaisant
意外	いがい	igai	inattendu
嫌い	きらい	kirai	détesté
綺麗	きれい	kirei	beau, propre
	みたい	mitai	ressembler à
最低	さいてい	saitei	le plus bas, pire
心配	しんぱい	shinpai	s'inquiéter
失礼	しつれい	shitsurei	impoli
	すき	suki	aimé
定年	ていねい	teinei	poli
有名	ゆうめい	yuumei	célèbre

6. La forme neutre / la forme polie

Revenons quelque temps sur les niveaux de politesse. On entend souvent qu'apprendre le japonais en lisant ou en regardant des mangas n'est pas recommandé.

Pourtant, ces médias sont bien en japonais et tous les Japonais les comprennent, alors pourquoi existe-t-il ce stigmate sur le langage des animes et notamment des *shounen* ?

En fait, le problème vient du registre de langue et des tournures de phrases utilisées par les personnages d'animes. Quand on parle de registre de langue en japonais, on parle autant des mots argotiques, familiers, etc. que des structures grammaticales utilisées. Sans les connaissances basiques de grammaire, l'apprenant se retrouvera à parler à tout le monde familièrement voire grossièrement, à la Bakugou dans *My Hero Academia*. Pas génial !

Cependant, tant que l'on utilise les animes et les mangas correctement, ils deviennent des outils d'apprentissage incontestables pour la compréhension.

Quelques personnages utilisant le langage poli :

- Genos dans *One Punch Man* de ONE ;
- L dans *Death Note* de Tsugumi ŌBA et Takeshi OBATA ;
- Sasha dans *L'Attaque des Titans* de Hajime ISAYAMA ;
- Mukuro dans *Hitman Reborn!* de Akira AMANO ;
- Yuki Sohma dans *Fruits Basket* de Natsuki TAKAYA.

Rappel : Comment compose-t-on une phrase simple japonaise ?

Neko	*ga*	*nezumi*	*wo*	*tabe/mashita*
Sujet	P	complément	P	verbe/terminaison
chat		souris		a mangé

Traduction : Le chat a mangé la souris.

P : particule
Complément : toute chose qui n'est ni le sujet/thème, ni le verbe.
Verbe/terminaison : dans la terminaison, on trouve le temps mais aussi le registre de langue.

BON À SAVOIR

1) Plus la phrase est courte, plus le registre est familier.

2) En général, les phrases complexes sont neutres jusqu'au dernier élément de la phrase, les verbes et auxiliaires portant les plus gros marqueurs de politesse.

Voyons donc les différentes formes et les terminaisons verbales les plus importantes pour commencer à s'exprimer en japonais.

Les 4 premières terminaisons

D'un point de vue conjugaison, le japonais est en apparence largement plus simple à conjuguer que le français, puisque la langue nippone ne fait aucune différence entre les pronoms (je, tu, il...). Au lieu d'apprendre 6 formes, chaque verbe n'a qu'une forme pour chaque temps. Facile, non ?

Quand on débute, le plus simple est d'apprendre par cœur quelques terminaisons utiles comme :

1) le présent neutre / le futur avec la forme *-u* ;
2) la forme présent poli *-masu* ;
3) la forme de liaison *-te* ;
4) le négatif neutre en *-nai*.

Sur ce point, on a beaucoup de chance, car contrairement à la langue de Molière, on peut commencer à comprendre et dire beaucoup de choses en ne sachant conjuguer que le présent/futur, le passé et le négatif.

1) La forme *-u/-ru*

Utile pour chercher les verbes dans le dictionnaire, la forme infinitive en *-u/-ru* permet de créer le présent neutre, ainsi que le futur.

Présent	今、ボルドーに住んでいる。 *Ima, Borudoo ni sunde iru.* En ce moment, je vis à Bordeaux.
Futur	来週はブリュッセルに行く。 *Rai, Buryusseru ni iku.* Je vais à Bruxelles le mois prochain.

2) La forme *-masu*

Forme polie du présent, *-masu* nous permet de créer le négatif poli, le passé poli, ainsi que le négatif passé poli, en permutant respectivement *-masu* par *-masen*, *-mashita* et *-masen deshita*.

Présent poli	今、ボルドーに住んでいます。 *Ima, Borudoo ni sunde imasu.* En ce moment, je vis à Bordeaux.
Négatif poli	今、ボルドーに住んでいません。 *Ima, Borudoo ni sunde imasen.* En ce moment, je ne vis pas à Bordeaux.
Passé poli	先月はブリュッセルに行きました。 *Sengetsu, Buryusseru ni ikimashita.* Le mois dernier, je suis allé à Bruxelles.
Négatif passé poli	先月はブリュッセルに行きませんでした。 *Sengetsu, Buryusseru ni ikimasen deshita.* Le mois dernier, je ne suis pas allé à Bruxelles.

3) La forme *-te*

Forme primordiale pour la compréhension des phrases complexes, la forme *-te* a une multitude de fonctions et d'utilisations en japonais, notamment celle de lier les verbes et adjectifs les uns aux autres. Si les mots s'enchaînent en *-te*, c'est le dernier qui portera le temps et le niveau de langue.

La formule « verbe-*te* + verbe-*te* + verbe-terminaison finale » permet de juxtaposer et de montrer la succession d'actions.

今日は起きて,学校に行って,授業を受けて,家に帰りました。

Kyou wa *okite*, *gakkou ni itte*, *jugyou wo ukete*, *ie ni kaerimashita*.

Aujourd'hui je me suis levé, (puis) je suis parti à l'école, (puis) j'ai eu cours, (puis) je suis rentré chez moi.

Notez comment le japonais n'explicite ni ne répète jamais le sujet «je» dans certaines phrases, seul le contexte permet de comprendre qui parle.

Point important, en permutant le « *e* » de la forme *-te* par « *a* », on obtient la forme passée neutre en *-ta*.

Forme neutre	Forme -te	Forme -ta
行く Iku Aller	学校に行って gakkou ni itte	学校に行った gakkou ni itta était allé à l'école
受ける Ukeru Recevoir, suivre	授業を受けて jugyou wo ukete	授業を受けた jugyou wo uketa avait eu cours
帰る Kaeru Rentrer (chez soi)	家に帰えて ie ni kaete	家に帰えた ie ni kaeta était rentré

4) La forme *-nai*

Forme négative, elle est commune aux verbes et aux adjectifs. Elle permet de créer de nombreuses terminaisons dont le négatif passé neutre puisqu'il suffit de permuter le *-nai* par *-nakatta*.

Présent neutre	今、ボルドーに住んでいる。 *Ima, Borudoo ni sunde iru.* Je vis à Bordeaux en ce moment.
Négatif neutre	今、ボルドーに住んでいない。 *Ima, Borudoo ni sunde inai.* Je ne vis pas à Bordeaux en ce moment.
Négatif passé neutre	去年、ボルドーに住んでいなかった。 *Kyonen, Borudoo ni sunde inakatta.* Je ne vivais pas à Bordeaux l'année dernière.

Petit récapitulatif avec le verbe *taberu* « manger »

	Neutre	Poli	Français
Forme -u Présent, futur	食べる taberu	喰べます tabemasu	mange
Forme -te Liaison	食べて tabete		mange
Forme -ta Passé	食べた tabeta	食べました tabemashita	a mangé
Forme -nai Négatif	食べない tabenai	食べません tabemasen	ne mange pas
Forme négative au passé	食べなかった tabenakatta	食べませんでした tabemasen deshita	n'a pas mangé

Pour les adjectifs, c'est la présence ou l'absence du *desu* final qui détermine le niveau de langue, de formel à informel[3]. Et si plus la phrase est courte plus elle est informelle, dire « *ah samu !* » revient à dire « ah ça caille ! » alors que « *samui desu ne* » se traduira plutôt par « il fait froid, n'est-ce pas ? ».

Les suffixes se collent et s'empilent de manière ordonnée, pour donner un nouveau sens aux adjectifs et aux verbes.

Bien entendu, il existe beaucoup d'autres terminaisons, mais en apprenant les premières formes, la gymnastique nécessaire à la conjugaison des verbes n'aura plus de secret pour vous, et vous pourrez aisément apprendre à décliner les terminaisons les plus complexes en temps voulu.

---

3. Voir la partie sur *desu*, pp. 47-51.

Pour apprendre toutes les déclinaisons de verbe possibles, on utilise une liste de 14 verbes très utile qui, une fois apprise par cœur, permet de conjuguer n'importe quel verbe en japonais.

Ces verbes sont divisés en 3 groupes :

- les verbes qui se déclinent en supprimant le **-u** : avec *kau* (acheter), *uru* (vendre), *noru* (monter), *suwaru* (s'asseoir), *matsu* (attendre), *yomu* (lire), *kiku* (écouter), *hanasu* (parler), *asobu* (jouer), *oyogu* (nager) ;
- les verbes qui se déclinent en supprimant le **-ru** : *miru* (voir) et *taberu* (manger) ;
- les **irréguliers** : *suru* (faire) et *kuru* (venir).

Les verbes à déclinaisons en *-u*

買う

***Kau* : Acheter**

Forme -u Présent neutre / Futur	かう kau
Forme -masu Présent poli	かいます kaimasu
Forme -te Liaison	かって katte
Forme -nai Négatif neutre	かわない kawanai

売る

***Uru* : Vendre**

Forme -u Présent neutre / Futur	うる uru
Forme -masu Présent poli	うります urimasu
Forme -te Liaison	うって utte
Forme -nai Négatif neutre	うらない uranai

乗る

Noru **: Monter**

Forme -u Présent neutre / Futur	のる noru
Forme -masu Présent poli	のります norimasu
Forme -te Liaison	のって notte
Forme -nai Négatif neutre	のらない noranai

座る

Suwaru **: S'asseoir**

Forme -u Présent neutre / Futur	すわる suwaru
Forme -masu Présent poli	すわります suwarimasu
Forme -te Liaison	すわって suwatte
Forme -nai Négatif neutre	すわらない suwaranai

読む

Yomu **: Lire**

Forme -u Présent neutre / Futur	よむ yomu
Forme -masu Présent poli	よみます yomimasu
Forme -te Liaison	よんで yonde
Forme -nai Négatif neutre	よまない yomanai

聞く

Kiku **: Écouter**

Forme -u Présent neutre / Futur	きく kiku
Forme -masu Présent poli	ききます kikimasu
Forme -te Liaison	きいて kiite
Forme -nai Négatif neutre	きかない kikanai

話す

Hanasu **: Parler**

Forme -u Présent neutre / Futur	はなす hanasu
Forme -masu Présent poli	はなします hanashimasu
Forme -te Liaison	はなして hanashite
Forme -nai Négatif neutre	はなさない hanasanai

待つ

Matsu **: Attendre**

Forme -u Présent neutre / Futur	まつ matsu
Forme -masu Présent poli	まちます machimasu
Forme -te Liaison	まって matte
Forme -nai Négatif neutre	またない matanai

遊ぶ

Asobu **: Jouer**

Forme -u Présent neutre / Futur	あそぶ asobu
Forme -masu Présent poli	あそびます asobimasu
Forme -te Liaison	あそんで asonde
Forme -nai Négatif neutre	あそばない asobanai

泳ぐ

Oyogu **: Nager**

Forme -u Présent neutre / Futur	およぐ oyogu
Forme -masu Présent poli	およぎます oyogimasu
Forme -te Liaison	およんで oyonde
Forme -nai Négatif neutre	およがない oyoganai

Les verbes à déclinaisons en *-ru*

見る

Miru **: Voir**

Forme -u Présent neutre / Futur	みる miru
Forme -masu Présent poli	みます mimasu
Forme -te Liaison	みて mite
Forme -nai Négatif neutre	みない minai

食べる

Taberu **: Manger**

Forme -u Présent neutre / Futur	たべる taberu
Forme -masu Présent poli	たべます tabemasu
Forme -te Liaison	たべて tabete
Forme -nai Négatif neutre	たべない tabenai

Les verbes irréguliers

来る

Kuru **: Aller**

Forme -u Présent neutre / Futur	くる kuru
Forme -masu Présent poli	きます kimasu
Forme -te Liaison	きて kite
Forme -nai Négatif neutre	こない konai

する

Suru **: Faire**

Forme -u Présent neutre / Futur	する suru
Forme -masu Présent poli	します shimasu
Forme -te Liaison	して shite
Forme -nai Négatif neutre	しない shinai

Ces 14 verbes nous permettent de facilement conjuguer les verbes inconnus par comparaison, en calquant la dernière syllabe du verbe connu sur celui inconnu.

Explications :

- さがす・Saga**su** (chercher) → terminaison en *su* comme はなす・hana**su**.
- *Hanasu* → *hanashimasu*, donc *sagasu* → *sagashimasu*.

- かつ・Ka**tsu** (gagner) → terminaison en *tsu* comme まつ・ma**tsu**.
- *Matsu* → *matte*, donc *katsu* → *katte*.

- つかう・Tsuka**u** (utiliser) → terminaison en voyelle + **u** comme かう・ka**u**
- *Kau* → *kawanai*, donc *tsukau* → *tsukawanai*.

⚠ Attention aux faux amis qui, selon le *kanji*, sont des *-u* verbes ou des *-ru* verbes.

Les dictionnaires seront vos meilleurs amis pour différencier ces homonymes et trouver les bonnes terminaisons !

« Rentrer (chez soi) » et « se changer » se disent : *kaeru*

帰る *kaeru* → *kaerimasu* → « je rentre »,
変える *kaeru* → *kaemasu* → « je me change ».

7. Les formules de politesse du quotidien

Parfois difficiles à traduire, les formules de politesse sont essentielles pour faire une bonne première impression. Selon le moment de la journée et/ou la personne à qui vous parlez, la formule peut être plus ou moins familière.

Voyons ensemble quelques exemples basiques.

Les salutations

Bonjour

Pour dire « bonjour » et « bonsoir », on connaît le classique « *konnichiwa* », mais saviez-vous qu'il ne s'utilise que de 11 h à 18 h environ ?

Pour la matinée, on dira plutôt « *ohayou gozaimasu* », tandis que « *konbanwa* » est réservé au soir.

Formules de politesse standards certes, elles sont plus appropriées à un contexte formel, avec des inconnus ou dans le monde du travail.

Dans les animes, on entend souvent les jeunes (notamment dans les mangas et animes de sport) se saluer par « *chiwassu* », « *ossu* », « *uissu* » ou encore « *konchassu* » mais *kezako* ?

Ce sont tout simplement des argots et contractions de *oyahou gozaimasu* et *konnichiwa* !

Poli	Informel	Familier
おはようございます Ohayou gozaimasu *Avant 11 h*	おはよ Ohayo *Avant 11 h*	おっす Ossu うっす Ussu ういっす Uissu ヤッホー Yahoo よー Yoh / Yo *Toute la journée*
今日は Konnichiwa *De 11 h à 18 h*		こんちは Konchiwa ちわっす Chiwassu こんちゃすー Konchassu *De 11 h à 18 h*
こんばんは Konbanwa *Après 18 h*		

Au revoir

En fin de journée, ou fin de soirée, entre amis et camarades de classe, on utilise le plus souvent « *ja ne* », « *mata* » et ses variantes :

Kana	Romaji	Français
それじゃ	*Sore ja !*	Bon (à plus) !
じゃね	Ja ne !	Ciao !
じゃ、また	Ja, mata !	Allez, à plus !
また明日	Mata ashita	À demain
また今度	Mata kondo	À la prochaine
また来週	Mata raishuu	À la semaine prochaine
また会おう	Mata aou	À bientôt (litt. : à la prochaine rencontre)
バイバイ	Bai bai	Bye bye

Outre « bonjour » et « au revoir », voici quelques formules qu'on retrouve souvent dans le contexte où le héros ou l'héroïne part le matin de chez lui ou de chez elle et rentre le soir.

Les personnages de manga orphelins ou isolés sont souvent « privés » de ces petites phrases du quotidien, et bien que ces formules n'aient pas d'équivalents en français, elles sont monnaie courante en japonais, et sont autant une marque d'affection qu'un rituel au sein du foyer.

Kana	Romaji	Français
行ってきます	*Itte kimasu*	Je pars (en sortant du foyer)
行ってらっしゃい	*Itte rasshai*	Fais bon voyage (dit à celui qui s'en va)
気をつけ	*Ki wo tsukete*	Fais attention
ただ今	*Tadaima*	Je suis rentré(e) (à la maison)
お帰り	*Okaeri*	Bienvenue (à la maison)
お休み	*Oyasumi*	Bonne nuit
さようなら	*Sayounara*	Au revoir, adieu

LE SAVIEZ-VOUS ?

Plus qu'un « au revoir », *sayounara* est plus proche d'un « adieu » que d'une salutation simple. On dira « *sayounara* » à quelqu'un qu'on ne pense vraiment pas revoir, ou quand on souhaite couper court à une relation.

Pas vraiment le genre de chose qu'on dit à son collègue ou à son camarade de classe !

Se présenter

Après les salutations, et maintenant que nous savons faire une phrase basique, voyons maintenant comment se présenter dans une discussion avec Shaolan et Sakura :

初めまして！木之本です。

Hajimemashite ! Kinomoto[4] desu.

Moi c'est Kinomoto, enchantée.

初めまして、リーシャオラン と申します。

Hajimemashite, Li Shaolan to moushimasu.

Enchanté, je m'appelle Shaolan Li !

よろしくお願いします。

Yoroshiku onegaishimasu.

Ravi de faire ta connaissance.

こちらこそ。

Kochirakoso.

Moi de même.

Hajimemashite : littéralement « commencement » ou « première fois », c'est l'expression qu'on emploie quand on rencontre quelqu'un pour la première fois.

Yoroshiku onegaishimasu : littéralement « merci d'avance de bien faire », elle sert dans beaucoup de situations (quand on demande un service, quand on se présente, à la fin de mails professionnels, etc.). Ici, elle signifie qu'on souhaite avoir de bonnes relations avec son interlocuteur.

Kochirakoso : signifie « de même », « c'est moi », etc. selon le contexte.

4. Au Japon, on se présente sous son nom de famille, notamment avec les inconnus et dans le cadre formel. Pour en savoir plus, lire la partie sur les honorifiques, pp. 113-117.

LE SAVIEZ-VOUS ?

Il existe plein de façons de parler de soi et des autres mais, en général, les Japonais n'utilisent pas de pronom quand la personne dont ils parlent peut être déduite du contexte.

On dira donc « Nom + *desu* » pour dire « Je suis + nom », et non pas « *Watashi wa* + nom *desu* » qui fait très débutant et pas du tout naturel.

Une autre formule est aussi très utilisée : « nom + *to moushimasu* », qui signifie « On m'appelle + nom ».

Retrouvons Sakura et Shaolan pour quelques échanges supplémentaires.

Les présentations entre ces deux-là sont loin d'être terminées.

リー君は留学生ですか?

Li-kun wa ryuugakusei desu ka ?

Li-kun tu es un étudiant étranger ?

違います。日本と中国のハーフですけど、海外に住んでいました。

Chigaimasu. Nihon to Chuugoku no half desu kedo, kaigai ni sunde imashita.

Non, pas du tout. Je suis sino-japonais, mais j'ai vécu à l'étranger.

[Quelque temps plus tard]

リー君、次は絵画の教室だから、部屋を変わります。

Li-kun. Tsugi wa kaiga kyoushitsu dakara, heya wo kawarimasu.

Li-kun, on change de classe car le prochain cours est le cours d'art.

そうだ。あのさぁ…「シャオラン」って呼んでいいですけど…

Sou da... Ano sa... Shaolan tte yonde ii desu kedo...

Je vois... au fait... tu peux juste m'appeler Shaolan...

いいよ シャオランくん！だからあたしに「桜」っていいですよ！

Ii yo Shaolan-kun ! Dakara, atashi ni Sakura tte ii desu yo !

Okay, Shaolan-kun ! Du coup, tu peux m'appeler Sakura !

分かりました！

Wakarimashita !

Okay, ça marche !

Remercier et s'excuser

Comme pour tout, il existe mille façons de montrer sa gratitude en japonais... de même qu'il existe une myriade d'expressions pour s'excuser : la forme simple, neutre et polie, qui s'avère toujours efficace, et les formes compliquées, qui changent selon le contexte, l'interlocuteur et les circonstances. Voici un tour d'horizon pour aller plus loin que « *arigatou gozaimasu* » et « *sumimasen* ».

Remercier

ありがとう

Arigatou

Merci informel, le plus simple des remerciements, à utiliser avec des proches et/ou amis, pas dans un contexte professionnel.

ありがとうございます

Arigatou gozaimasu

« *Gozaimasu* » et « *gozaimashita* » (forme passée) permettent d'élever les expressions et formules de politesse au niveau « poli », cela vaut pour *arigatou* mais aussi *ohayou*.

どうも

Doumo

Merci assez informel, il peut être utilisé de manière plus polie et formelle en l'associant avec « *Doumo arigatou* » et « *Doumo arigatou gozaimashita* ». On le traduira alors par « Merci beaucoup / merci infiniment ».

LE SAVIEZ-VOUS ?

39

« *Thank you* » sonne en japonais comme le 3 « *san* » et le 9 « *kyu* », d'où l'abréviation de *thank you* en 39.

Les contractions de *arigatou* :

あざあっす	*azaassu*
あっと	*atto*
ありい	*arii*

いただきます et ご苦労様

Itadakimasu et gokurousama

Ce sont les formules de politesse qui, utilisées pendant le repas, permettent de montrer son appréciation pour la nourriture et l'effort fournis par la personne qui a tout préparé. Donc en lieu et place de notre « bon appétit », on dira « *itadakimasu* » et en fin de repas on prononcera les mots « *gokurousama* (*deshita*) ».

De rien

ど致しまして

Doitashimashite

Je vous en prie.

Cette formule très polie est très courante dans les commerces. Elle ne s'utilise pas entre amis, camarades et collègues ni même en famille, car elle peut facilement sonner arrogante ou sarcastique.

Alors comment dire « de rien » de manière naturelle ?

ぜんぜん！

Zen zen !

Pas du tout (ce n'est rien).

いえいえいえ！

Ie ! ie ! ie !

Non non non, de rien.

こちらこそ

Kochira koso

C'est moi (qui te / vous remercie).

とんでもないです

Tondemonaidesu

T'inquiète, pas de problème.

S'excuser

Que ce soit après avoir commis une erreur, quand ils sont désolés de déranger ou encore pour dire merci, les Japonais s'excusent à foison, et il est parfois compliqué de savoir quelle formule utiliser.

En voici une liste, de la formule la plus polie à la plus familière.

Je n'ai pas d'excuse / je suis inexcusable

申し訳ございません

Moushiwake gozaimasen

申し訳ありません

Moushiwake arimasen

Pardon

すみません

Sumimasen

すいません

Suimasen

すまん

Suman

Désolé

ごめんなさい

Gomen nasai

ごめん

Gomen ne

« Déso »

わるい

Warui

わりい

Warii

サーセン

Saasen (contraction de *sumimasen*)

En contexte, on verra qu'on utilise les formules plus longues avec la hiérarchie, lors de fautes graves, ou avec des clients.

Sumimasen, lui, peut vouloir dire plusieurs choses : « pardon » mais aussi « merci », surtout si quelqu'un fait quelque chose pour vous et que vous l'avez « dérangé » en quelque sorte ; et « excusez-moi ? » selon le contexte, avec des inconnus ou des connaissances.

Gomen et *warui*, quant à eux, sont réservés à la famille et aux proches (et selon le ton, ces excuses peuvent sembler non sincères).

Oui ou non ?

Après les présentations et les remerciements, voyons maintenant comment répondre aux questions par oui et non de manière polie et informelle.

Oui

Le classique はい / *hai* est la valeur sûre pour répondre « oui » de manière polie dans toutes les situations, que ce soit avec des camarades de classe, de la famille ou au travail.

Pour répondre de manière plus informelle, on peut utiliser le ええ / *ee*, prononcé comme un long /èè/. Parfait entre amis, en famille, ou avec les plus jeunes, il est à éviter avec des étrangers. *Idem* pour うん / *un* qui se dit « mm » sans ouvrir la bouche, qui permet de valider une information ou de montrer qu'on suit la conversation.

Voyons quelques autres manières d'acquiescer dans cet échange téléphonique entre Rin-chan et Daiki-kun :

もしもし! りんちゃん?明日暇?

Moshi moshi ! Rin-chan ? Ashita hima ?

Allô, Rin-chan ? T'es libre demain ?

うん、暇。

Un, hima.

Yep, je suis dispo.

映画見みに行かない？

Eiga mini ikanai ?

Tu veux aller au ciné ?

いいよ！いつから？

Ii yo ! Itsu kara ?

Grave, quelle heure ?

二時はどう？車で迎えに行こうか？

2ji wa dou ? Kuruma de mukae ni ikou ka ?

On dit 14 heures ? Je viens te chercher en voiture ?

お願いします！

Onegaishimasu !

Oui, merci !

Dans cette conversation informelle, on trouve *ii yo* (poli : *ii desu yo*, de l'adjectif « bon, bien ») et *onegaishimasu* (litt. « s'il te plaît ») qui font office de « oui ».

On peut aussi utiliser *sou desu* (« c'est ça »), *mochiron desu* (« bien sûr ») et d'autres formules utiles pour montrer son approbation.

Non !

Bien que les Japonais aient la réputation de ne jamais dire non, il existe plusieurs manières de refuser plus ou moins poliment, selon la situation.

いいえ / *iie* est la manière la plus polie et classique de dire non. Très directe, elle est rarement utilisée par les natifs, qui comptent sur le contexte et restent évasifs pour faire comprendre leur refus, voire s'excusent pour ne pas dire non ! Entre amis et en famille, le いや / *iya* est très courant, mais assez familier. Enfin, le ううん / *uun*, comme *iya*, peut être utilisé pour marquer son désaccord avec des gens proches, mais pas avec des étrangers.

Reprenons la conversation avec Rin et Daiki pour illustrer d'autres manières de refuser :

もしもし、りんーちゃん？明日暇？

Moshi moshi, Rin-chan ? Ashita hima ?

Allo, Rin-chan ? T'es dispo demain ?

明日はちょっと…

Ashita wa chotto...

Hmm... pas vraiment (litt : demain, c'est un peu...)

じゃあ、日曜日？映画見みに行かない？

Jaa, nichiyoubi ? Eiga mini ikanai ?

Alors... dimanche ? Tu veux aller au ciné ?

日曜日はいいよ! いつから?

Ii yo ! Itsu kara ?

Grave, quelle heure ?

二時?

2ji ?

14 heures ?

あぁごめんね、三寺までバイトがあるから...

Ah gomen ne, 3ji made baito ga aru kara...

Ah désolée, je bosse jusqu'à 15 heures.

あそっか!じゃぁ四寺はどう?まにあう?

Ah sokka ! Jaa 4ji wa dou ? Maniau ?

Ah okay ! Et 16 heures, ça irait ?
T'arriveras dans les temps ?

4時はok!

4ji wa ok !

C'est bon pour 16 heures !

車で迎えに行こうか?

Kuruma de mukae ni ikou ka ?

Tu veux que je passe te prendre en voiture ?

だいじょうぶ!じゃまたねぇ~!

Daijoubu ! Ja mata ne~ !

Non, t'inquiète ! Bon bah à plus tard !

Dans cet extrait, Rin-chan utilise *chotto*... et *gomen* qui sont des manières très courantes de refuser en douceur, et *daijoubu* qui signifie « ça va », mais qui, dans ce contexte, veut plutôt dire « non, c'est bon ».

Dans le même genre, on peut utiliser *kekkou desu* pour un « non merci », *chigaun desu / chigaimasu* pour dire « c'est faux » et encore *gomenasai* et *sumimasen* pour refuser tout en s'excusant.

Tout un art !

8. Les honorifiques

Apprendre à bien communiquer avec les autres, c'est aussi bien savoir décoder l'utilisation des honorifiques.

Les honorifiques servent principalement à hiérarchiser la proximité et/ou le statut de l'interlocuteur. En clair, si on est plus ou moins proche de la personne, et si cette personne a un statut social plus ou moins élevé.

Les honorifiques changent selon l'âge, le genre et le contexte social.

On sait que le japonais est une langue très portée sur la politesse, et se tromper entre *kun*, *chan* ou *sama* pourrait conduire à des situations cocasses, voire très embarrassantes, alors décryptons ensemble les bons usages de ces suffixes pour parer à toute situation.

San et sama, kun et chan

さん

San : monsieur, madame

Un des plus communs et des plus utilisés, l'honorifique *san* se prononce /ssane/ et peut parfois se traduire par monsieur, madame. Pourquoi « parfois » ? Car s'il s'utilise sans distinction de genre ou de statut social, il ne fait pas non plus de distinction d'âge. *San* marque simplement la politesse envers autrui et peut être utilisé pour parler aux étrangers, aux connaissances mais aussi entre collègues et camarades de classe.

San s'emploie aussi quand on parle des personnes travaillant dans des commerces, tels que le libraire (*honya-san*), le boulanger (*panya-san*), ou encore le fleuriste (*hanaya-san*).

Enfin, en règle générale, on ne l'utilise pas pour parler aux petits enfants (maternelle et primaire), à des amis ou aux membres de sa famille. Car si *san* porte une connotation polie, il marque aussi une distance entre le locuteur et l'interlocuteur.

LE SAVIEZ-VOUS ?

L'ordre des noms et prénoms est inversé au Japon, on se présente en commençant par son nom de famille puis son prénom.

Il est normal d'appeler quelqu'un par son nom de famille + *san*, et ceci jusqu'à ce que la personne en question précise que l'on peut l'appeler par son prénom, ou être plus « familier » avec elle.

Attention donc à ne pas utiliser les prénoms des gens s'ils n'ont pas explicitement dit qu'ils étaient d'accord, ce serait vu comme un manque de respect.

様

Sama : le *san* poli

Comme pour *san*, *sama* peut s'utiliser indépendamment du genre et de l'âge de la personne. La seule différence porte sur le fait que *sama* est plus poli et plus formel que *san*, et sera donc plus souvent utilisé dans des situations formelles, à l'écrit ou à l'oral, et notamment par les commerçants à l'égard des acheteurs.

Sama ne s'utilise pas avec des amis, la famille ou des gens avec qui on a déjà tissé un lien social.

ちゃん

Chan : ou tout ce qui est petit et mignon

Honorifique très informel, *chan* est un suffixe qui permet de créer des surnoms et est majoritairement utilisé pour montrer son affection vis-à-vis de l'autre. *Chan* s'utilise notamment pour les enfants et les prénoms féminins, mais pas que...

On entend souvent des noms masculins + *chan* - voire *tan* - et les surnoms en *chan* donnés dans l'enfance ont tendance à ne pas changer à l'âge adulte.

Autre exemple, les membres de la famille (parents, grands-parents, frères et sœurs) sont souvent appelés par leur nom (ou leur rôle au sein de la famille) + *chan*, pour marquer l'affection et la proximité.

Chan est aussi utilisé avec les animaux de compagnie (*nekochan* pour les chats, *wanchan* pour les chiens, *usagichan* pour les lapins) et se retrouve associé à certaines célébrités (par exemple, Mamoru Miyano, doubleur de personnages tels que Light Yagami dans *Death Note*, ou Natsuki Hanae, doubleur de Ken Kaneki dans *Tokyo Ghoul* sont affectueusement appelés « Mamo-chan » et « Hana-chan » par leurs *fanbases*).

En revanche, *chan* ne devrait jamais être utilisé dans une situation professionnelle, à l'écrit comme à l'oral.

君

Kun : les jeunes hommes

Kun est un autre honorifique informel, utilisé pour parler en général aux garçons, jeunes hommes, et entre amis.

De plus, dans le contexte du travail, les supérieurs hiérarchiques utilisent souvent *kun* pour s'adresser aux plus jeunes. C'est pourquoi, on trouve parfois des hommes, seniors dans leur domaine ou même professeurs, appeler des jeunes femmes *kun* dans le monde du travail ou à l'université.

Enfin, bien que *chan* soit un honorifique plus féminin, et *kun* plus masculin, on trouve des exceptions comme « Kacchan », le surnom que le héros de *My Hero Academia* donne à son ami d'enfance, Katsuki Bakugou qui en a hérité de l'enfance. Certaines personnes préfèrent qu'on utilise leurs prénoms (+ *kun* ou *chan*) plutôt que leurs noms de famille. Cependant, en cas de doute, il vaut mieux toujours attendre la permission d'être plus familier avec son interlocuteur (en clair, c'est notre version du « on peut se tutoyer ? » dans les conversations avec les collègues et autres connaissances).

Pour parler de soi

Si on ne doit jamais utiliser d'honorifique pour parler de soi, on peut cependant créer une distinction claire dans la manière de se représenter en société, en utilisant *watashi*, *atashi*, *boku*, *ore*, etc. Dans les mangas, on trouvera toutes sortes de pronoms utilisés par les personnages féminins et masculins, alors intéressons-nous de plus près à ces spécificités de la langue nippone.

私

Watashi

C'est la manière la plus courante, et la plus neutre, de dire « je » en japonais. Mais ce n'est pas la seule, loin de là. Sa version formelle, *watakushi*, n'est à utiliser qu'en présence hiérarchique, dans des moments solennels ou encore en utilisation à but comique, si l'on souhaite se montrer ou se faire passer comme plus important qu'on ne l'est.

あたし

Atashi

C'est la version « mignonne » et informelle de *watashi*, utilisée par les filles et certaines femmes qui veulent sonner plus féminines, plus mignonnes auprès de leur interlocuteur.

僕

Boku

Ce « je » informel est une expression réservée, en théorie, aux hommes. En théorie, car les femmes utilisent largement *boku* dans les paroles de chansons, et que les normes de genre ont tendance à changer ces dernières années.

Les hommes utilisent *boku* avec leurs proches ou pour parler d'eux avec humilité, *boku* étant une alternative plus « soft » que *ore*.

俺

Ore

« Je » historiquement utilisé par les hommes, car il donne une image assez forte de soi-même, voire prétentieuse si mal utilisé. *Ore* renvoie à une personnalité affirmée. C'est pourquoi, bien qu'il soit utilisé plus naturellement par les hommes, il peut aussi être employé par les femmes dans certaines situations (avec des gens très proches, en blague, etc.).

BON À SAVOIR

Peu importe le pronom utilisé, il est important de noter qu'en général, si le sujet est évident, en japonais, on omet bien plus souvent le pronom que l'inverse ! Que ce soit *watashi*, *atashi*, *boku* ou *ore*, on l'utilisera avec parcimonie pour sonner comme un vrai natif.

Partie 4

LE VOCABULAIRE SPÉCIFIQUE

1. Les phrases culte dans les mangas

Longtemps considérée comme une niche, la culture *otaku* a fait son entrée dans le langage *mainstream* à travers les réseaux sociaux. Des animes *old school* aux *blockbusters* d'animes jamais détrônés, les adaptations télévisuelles deviennent culte et connues de tous. Retrouvez ici un petit palmarès des phrases issues de nos mangas préférés, devenues *meme* au fil des années.

1 | Ken le Survivant (Hokuto no Ken)

お前はもうしんでいる。

Omae wa mou shindeiru.

Tu es déjà mort.

omae wa : tu (grossier)

mou : déjà

shindeiru : *shiru* : mourir, à la forme *te-iru* : verbe d'état, donc « est mort ». La forme *te-iru* s'utilise aussi pour exprimer « en train de », mais pas dans ce contexte.

C'est la phrase la plus culte même hors de la sphère *otaku*, et elle nous vient de l'anime *Ken le Survivant* de Tetsuo Hara. En français, les traducteurs ont pris le parti d'ajouter le « tu ne le sais pas encore » pour renforcer l'étonnement des adversaires de Kenshiro, mais c'est une invention purement francophone !

2 | JoJo's Bizarre Adventure

やれやれだぜ…

Yare yare daze…

Pas de traduction directe : « super… » ; « et c'est reparti » ; « oh bordel… » ou encore « pffff… »

Tout fan de *JoJo* connaît cette phrase typique issue de l'univers de Hirohiko Araki, l'auteur de *JoJo's Bizarre Adventure.*

Si « *yare yare* » est une phrase utilisée et utilisable dans le japonais de tous les jours, c'est le « *daze* » qui rend cette phrase jotarouesque !

Yare : vient du verbe *yaru*, « faire ».

Yare yare exprime du soulagement, mais plus souvent, et surtout dans le cas de *JoJo*, cela exprime de la lassitude, un gros soupir, de l'agacement même.

3 | *Sailor Moon*

月に代わって仕置きよ!

Tsuki ni kawatte oshioki yo !

Au nom de la Lune, je vais te punir !

Tsuki : Lune

Nom + *ni kawatte* : au nom de + nom ; à la place de + nom

Oshioki : punition, gronder

Yo : pour appuyer son point de vue

Cette phrase que l'héroïne Usagi utilise contre ses adversaires est très mignonne et enfantine. En effet, « *oshioki* » est une phrase normalement utilisée par les parents pour gronder de manière taquine leurs enfants. Pas très appropriée contre les forces du Mal qui passent leur temps à vouloir tuer les humains et envahir la Terre, mais très pertinente quand on veut se moquer de son adversaire en montrant qu'on ne le prend absolument pas pour une menace.

4 | Détective Conan

犯人はお前だ！

Hanin wa, omae da !

Le criminel, c'est toi !

Hanin : criminel

Wa : particule du sujet

Omae da : c'est toi (familier)

Si on peut compter sur quelqu'un pour faire du drama et créer du suspense superflu, c'est bien Conan, le petit détective de Gosho Aoyama !

Toujours fourré entre deux crimes, Conan est généralement celui qui saura démasquer le criminel en quelques chapitres, et ce, au nez et à la barbe de la police et des autres détectives présents.

Sa phrase clé, mise dans le « bon sens » serait « *Omae wa hanin da* » mais l'ordre est bouleversé pour créer du suspense.

5 | One Piece

海賊王に、俺はなる！

Kaizokuou ni, ore wa naru !

Le roi des pirates, ce sera moi !

Kaizoku : pirate

Ou : roi

Ore wa : je, informel

Ni... naru : devenir

Roi des pirates, roi des mangas, le personnage de Eiichirō Oda n'a de cesse que de vouloir trouver le « *one piece* », le supposé grand trésor que l'ancien roi des pirates a laissé là pour son successeur.

La syntaxe normale voudrait que le sujet « *ore wa* » vienne en début de phrase, donc : « *Ore wa kaizoku ni naru* ».

Ici, Luffy veut insister sur le « roi des pirates » et bouleverse l'ordre de la phrase pour dire littéralement « Le roi des pirates, c'est moi qui le deviendrai ! »

6 | Naruto

だってばよ！

Dattebayo !

Mais je l'ai déjà dit !

Qui n'a jamais vu *Naruto* de Masashi Kishimoto en VO et entendu le héros hurler ce « *dattebayo !* » sans en comprendre l'utilité ni la signification ?

On vous explique tout !

Comme « *yare yare daze* », personne n'utilise sérieusement cette expression, presque devenue un tic de langage dans la bouche du ninja de Konoha. Mais attention, « *...tte ba* » est une expression qui, elle, existe bel et bien !

Quelle est donc la différence ?

Si on décompose, ça donne :

ttebayo vient de « *to ieba* », qui est « *to iu* » (dire) au conditionnel.

Comme étudié dans la partie sur les particules, au discours informel, ce *to* devient *tte* et donc « *tte ieba* ». Encore une contraction pour supprimer le *ie*, et ça donne *tteba*.

Le « *da* » est la forme neutre de *desu*, et s'utilise quand ce qui précède est un nom. Pour les verbes et les adjectifs, on utilise directement *tte ba*. Le « *yo* » quant à lui permet d'insister ou d'appuyer sur ce qui vient d'être dit.

À l'oral, *tte ba* et *datte ba* s'utilisent pour insister sur quelque chose qui a déjà été dit, ou quand on est frustré par une situation lors d'une discussion.

Dans le cas de Naruto, son enfance turbulente et ses drames personnels durant sa jeunesse l'ont rendu susceptible, les adultes (et les autres enfants) remettant toujours sa parole en cause, le « *dattebayo* » ajoute une nouvelle couche à son côté gamin mal aimé.

Seul, le *dattebayo* du célèbre ninja permet donc de dire « mais je te l'ai déjà dit !!! » et n'est à utiliser que quand on veut passer pour un pur *otaku* en société.

7 | My Hero Academia

もう大丈夫！何故って？私が来た！

Mou daijoubu ! Naze tte ? Watashi ga kita !

Tout va bien maintenant ! Pourquoi ? Je suis arrivé !

Mou daijoubu : tout va bien maintenant

Naze : pourquoi

Tte : particule de citation

Watashi ga : moi (moi, je)

Kita : suis arrivé

À chaque grand héros, sa grande phrase culte ! C'est littéralement le cas pour le personnage d'All Might dans *MHA* de Kōhei Horikoshi. En version française, elle est traduite par « la cavalerie est là ».

En japonais, ce *ga* signifie que All Might, le seul, l'unique, est (enfin) arrivé (et par conséquent que les ennemis vont en prendre pour leur grade).

Dans cette situation, le *ga* fait bien la différence entre All Might et les autres. Phrase prétentieuse[5] en temps normal, elle est amplement justifiée quand le symbole de la paix l'utilise.

8 | Jujutsu Kaisen

大丈夫でしょ。だって君弱いもん。

Daijoubu desho. Datte kimi yowai mon.

T'inquiète, ça va le faire ! Parce que t'es vraiment trop nul.

Daijoubu : tout va bien

Desho : correspond à *desu* mais quand on « devine » quelque chose, pas de certitudes.

Datte : parce que, après tout

Kimi : tu (ici, paternaliste)

Yowai : faible

Mon : de « *mono* », manière un peu enfantine d'appuyer son propos, et parfois de montrer sa dissatisfaction.

Phrase de Satoru Gojou, personnage du manga *Jujutsu Kaisen* de Gege Akutami, elle est maintenant devenue culte pour les fans du *shounen*.

Si on entre dans le détail, cette scène est celle où l'exorciste le plus fort du Japon prend de haut son adversaire à travers cette phrase ironique.

---

5. Voir p.56.

Ici « *desho* » met en relief le fait qu'on devine quelque chose, sans certitudes. Or, en tant que plus grand exorciste de sa génération, Gojou sait pertinemment qu'il est plus fort que son ennemi. Le « *kimi* » paternalisant et « *mon* » enfantin ne font qu'appuyer le manque de respect que le personnage porte à son adversaire.

9 | Slam Dunk

あきらめたら そこで試合 終了ですよ…？

Akirametara soko de shiai shuuryou desu yo ?

C'est quand tu abandonnes que le match se termine, non ?

Akirame : du verbe *akirameru* (abandonner)

Verbe + *tara* : conditionnel, si/quand

Soko de : là, ici

Shiai : match

Shuuryou : fin

Desu yo : n'est-ce pas ? non ?

Dans ce passage célèbre du manga *Slam Dunk* de Takehiko Inoue, le coach Anzai motive son équipe de basketball en leur rappelant simplement que, s'ils n'abandonnent pas, une opportunité de gagner le match peut s'ouvrir à eux.

Dans cette phrase, on voit notamment l'utilisation de « *tara* », une particule du conditionnel. Il existe plusieurs particules de conditionnel, dont *to*, mais aussi *tara*, *nara* et *eba*.

Si on a vu les utilisations de *to* dans la partie des particules, *tara* quant à lui s'utilise comme un conditionnel incertain, on ne sait pas si l'événement va se produire, ni quand.

Ici, en utilisant *tara*, Anzai souhaite donner de l'espoir sans faux-semblants à son équipe, pour qu'ils continuent à se battre jusqu'au dernier coup de sifflet.

10 | Bonus

この番組はご覧のスポンサーの手協で送りします。

Kono bangumi ha goran no suponsaa no teikyou de okuri shimasu.

Ce programme vous est présenté / offert grâce à ces sponsors.

Qui a déjà regardé un anime (ou un drama) en version originale sous-titrée a forcément entendu ce « slogan » en début d'épisode, souvent après le générique d'ouverture. C'est l'heure de décrypter ce message connu de tous les vrais fans d'anime !

Kono : ce

Bangumi ha : programme télévisé

Goran : version polie de voir

Suponsaa : sponsors

Teikyou : offre (mécénat, patronage)

De : grâce, manière de

Okuri shimasu : version humble d'envoyer / transmettre

Cette phrase très formelle utilise des formes polies de verbes comme *goran* pour *miru* (voir) et *okuri suru* pour *okuru* (envoyer). Ce registre de langue est généralement utilisé dans un contexte de business, ou de textes officiels. Ici, il est utilisé pour humblement présenter les sponsors en partenariat avec les chaînes et les programmes.

2. Les onomatopées

Écrites en *hiragana* ou *katakana*, les onomatopées japonaises font partie intégrante de la langue et sont tout autant utilisées dans les mangas et les animes que dans les conversations du quotidien. C'est une retranscription des sons et des émotions à la japonaise et elles sont donc parfois bien loin de nos onomatopées à nous.

En français, on aura davantage l'habitude de les voir dans les écrits (dialogues, etc.) et il serait étrange d'entendre quelqu'un dire à haute voix « sniff sniff » ou « glou glou », alors que c'est monnaie courante au Japon.

Dans les mangas, la transcription des onomatopées dépend de l'intention de l'auteur : en général, le bruit sera doux/sourd s'il est écrit en *hiragana*, puisque ces caractères ont une forme plus ronde ; et il sera fort/sec s'il est écrit en *katakana*. Leurs tailles, couleurs, placements et autres peuvent varier pour suivre le dessin, sans encombrer ce dernier.

À l'écrit comme à l'oral, les onomatopées soutiennent le discours et le rendent plus riche émotionnellement, il n'est donc ni enfantin ni ridicule de les utiliser, bien au contraire, c'est même recommandé ! Un étranger utilisant couramment les onomatopées sera perçu comme quelqu'un ayant une très bonne maîtrise de la langue et de ses subtilités.

Il existe des milliers d'onomatopées, mais voici une petite sélection divisée en plusieurs catégories.

Les sons d'animaux

Français	Kana	Romaji
Chien	ワンワン	wan wan
Chat	にゃーにゃー	nyaa nyaa
Corbeau	かーかー	kaa kaa
Coq	コケコッコー	kokekokkoo

Grenouille	ケロケロ	kero kero
Serpent	シュルシュル	shuru shuru
Singe	ウキウキ	uki uki
Oiseau	ピーピー	pii pii
Loup	ウオォォン	uoooon
Abeille, guêpe	ブンブン	bun bun

Les sons en général

Français	Kana	Romaji
Applaudissements	パチパチ	pachi pachi
Pluie	ポツポツ	potsu potsu
Averse	ザーザー	zaa zaa
Éternuement	クシャン / クシュン	kushan / kushun
Sirène de pompiers	ピーポーピーポー	biiboo biiboo
Bisou	チュ	chu
Sonnerie de téléphone	プルルル	purururu
Horloge	チクタク	chiku taku
Feu	メラメラ	mera mera
Sonnette de porte	ピンポン	pin pon
Bruit de mastication	もぐもぐ	mogu mogu
Rot	ゲップ	geppu

Les émotions

Français	Kana	Romaji
Cœur qui bat vite	ドキドキ	doki doki
Être mal à l'aise	オドオド	odo odo
Être excité	わくわく	waku waku
Être timide	もじもじ	moji moji
Être hésitant	いじいじ	iji iji
Faire quelque chose de justesse	ギリギリ	giri giri
Gargouiller	ペコペコ	peko peko
Manger	ムシャムシャ	musha musha
Somnoler	ウトウト	uto uto
Fixer intensément	ジロジロ	jiro jiro
Sourire	ニコニコ	niko niko
Rire maléfique	ふふふ	fufufu
Avoir le cafard	クサクサ	kusa kusa
Chouiner	メソメソ	meso meso
Perdre patience	いらいら	ira ira
Trembler de froid / peur / colère	ぶるぶる	buru buru
Flâner	うろうろ	uro uro
Parler couramment	ぺらぺら	pera pera

BON À SAVOIR

S'il existe des onomatopées pour tout, pour dire « aie » en japonais, on utilise le mot 痛い *itai* ou « douloureux ». Eh oui !

Ce n'est pas une onomatopée, mais bien un i-adjectif, et il s'utilise tout autant dans sa version neutre que familière, *itte*. Dans les mangas, les auteurs peuvent l'utiliser en *kana* et le faire passer pour une onomatopée ou l'intégrer dans le discours des personnages. Plus la pause est longue entre le *i-* et le *-tai* ou *-tte*, et plus la douleur est forte !

Les sensations

Français	Kana	Romaji
Scintiller	ピカピカ	pika pika
Dru, rugueux	ざらざら	zara zara
Lisse, soyeux	すべすべ	sube sube
Moelleux	ふわふわ	fuwa fuwa
Doux	さらさら	sara sara
Glissant	つるつる	tsuru tsuru

LE SAVIEZ-VOUS ?

Le nom du Pokémon Pikachu vient de deux onomatopées ! *Pika* qui signifie scintiller et *chu* qui est l'onomatopée représentant le couinement des souris. Si les noms ont été changés dans les langues étrangères pour mieux accrocher avec le public, de nombreux noms de Pokémons sont un jeu de mots avec l'onomatopée de ce qu'ils représentent en japonais.

3. Les insultes

Comme dans de nombreuses langues, les insultes sont souvent une des premières choses que l'on apprend à dire après les « bonjour », « au revoir » et « je t'aime » de circonstance. Bien entendu, le japonais n'échappe pas à ce phénomène.

Décuplées par la consommation des animes en VOST, les insultes japonaises, ou *bujoku*, se sont répandues à travers le monde.

Pourtant, il n'est pas forcément nécessaire d'utiliser des insultes à proprement parler pour manquer de respect en japonais. Grâce au niveau de langue, il est très facile d'être insultant sans être vulgaire, puisqu'il suffit parfois de parler de manière familière pour insinuer qu'on n'a aucun respect pour la personne en face. Donc soyez bien sûr de vous avant de vous aventurer à utiliser les phrases ci-après.

Petit tour d'horizon des mots et phrases pour public averti, à n'utiliser qu'en cas de force majeure. Nous ne serons pas responsables des conséquences de vos paroles !

Les pronoms insultants

La limite entre la proximité et l'insulte entre individus est floue, mais pourtant assez simple en japonais. En effet, pour s'adresser à quelqu'un, on doit prononcer son nom (ou prénom), suivi d'un suffixe honorifique. Si l'on omet ce suffixe, c'est soit que l'on est très proche de la personne, soit que l'on cherche des problèmes.

En général, il est très mal vu d'interpeller quelqu'un en disant *anata*, ou pire encore, *anta*. S'il se traduit comme le pronom « tu », *anata* marque un manque de respect flagrant envers son interlocuteur. Et pourtant, c'est aussi comme cela que les femmes appellent leurs maris, auquel cas *anata* se traduit par « chéri » !

Pour éviter une quelconque situation embarrassante, il vaut donc mieux utiliser le nom de la personne et un honorifique.

お前

Omae : toi / tu

Aujourd'hui pronom familier, ce terme signifie à la base « devant (moi) ».

Comme *anata*, *omae* est un pronom qui peut être un signe de proximité et d'attachement entre amis ; mais plus généralement, c'est une manière dédaigneuse de dire « tu », montrant une hiérarchie entre celui qui parle et celui envers qui le *omae* est adressé. Les hommes utilisent plus souvent *omae* que les femmes dans la vie de tous les jours.

てめぇ

Temee : toi / tu

Terme grossier que l'on peut traduire le plus souvent par « enfoiré » et qui s'utilise comme un pronom. Omniprésent dans les animes *shounen*, *temee* est rarement utilisé par les Japonais, perçu comme un poil caricatural.

貴様

Kisama : toi / tu

Pire que *temee* d'un point de vue injurieux, ce pronom est aussi utilisé dans le monde audiovisuel, films et animes, pour désigner son interlocuteur. Si l'origine du mot est floue, et pourrait venir d'un terme du XVIIe ou XVIIIe siècle à la base respectueux, il est clairement utilisé à des fins peu nobles par les antagonistes. À n'utiliser que quand on souhaite clairement se battre avec son interlocuteur et/ou que l'on souhaite passer pour un fiévreux *otaku*.

BON À SAVOIR

君

Kimi : toi / tu

Malgré son omniprésence dans les chansons, dans la poésie et dans la littérature en général, *kimi* est un pronom qui peut vite devenir condescendant dans la vie de tous les jours. En effet, il suppose que le locuteur soit d'un rang hiérarchique supérieur à celui de l'interlocuteur, et autant cette hiérarchisation formelle marche très bien dans le monde du travail, ou d'un professeur vers un élève, autant il n'est pas de bon ton de l'utiliser entre pairs, avec des inconnus (sauf dans un contexte comique, ou de dispute, etc.).

Si beaucoup de mots comme « *baka* » s'écrivent plus souvent en *kana* qu'en *kanji* par souci de rapidité (ou flemme) dans le japonais courant, les mangakas ont toujours la possibilité de donner plus de caractère à leurs personnages à travers leurs choix stylistiques.

En effet, mélanger les différentes écritures permet de contraster le discours et le niveau de langue des locuteurs, sans en changer le contenu.

Et quand il s'agit d'insultes, s'il existe des versions *kanji* des mots employés, il est bien plus courant de les écrire en *kana* pour les accentuer, mais aussi marquer l'émotion, la violence ou l'impolitesse des propos tenus. Utiliser des *katakana* quand on aurait normalement des *kanji* revient un peu à écrire en majuscules ou en gras dans un texte français.

Les verbes injurieux

Verbe	Exemples
巫山戯る Fuzakeru Blaguer, rire de	ふざけんなよ Fuzakenna yo ! ふざけんじゃねえぞ Fuzaken janee zo ! Te fous pas de ma gueule !
黙る Damaru Ne rien dire	黙れ！ Damare ! Ferme-la ! / Ta gueule !
退く Doku Mettre hors du chemin	どけ! Doke ! Dégage
殺す Korosu Tuer	ぶっ殺すぞう！ Bukkorosu zou ! J'vais te défoncer / j'vais te buter !
食らう Kurau Manger, boire	クソ喰らえ！ Kuso kurae ! Va te faire fo*tre ! (litt. Bouffe de la m*rde)
死ぬ Shinu Mourir	死ね！ Shine ! Crève !

Les adjectifs insultants

Adjectifs	Exemples
彼奴, 此奴 Aitsu, koitsu Lui, elle (au loin, ou près de soi)	アイツ！ Aitsu ! Ce mec, cette meuf (dénigrant)
アホ Aho Idiot	
馬鹿 Baka Crétin, imbécile	バカやろう Baka yarou Sale abruti, espèce de c*n
ぶす Busu Moche (féminin)	
ちくしょう Chikusho Bordel / p*tain de m*rde	
ダサい Dasai Mauvais goût	ダッセ Dasse ! Tu crains, ringard
ガキ Gaki Gamin	クソガキ Kuso gaki Petit merdeux
ジジ / ババ Jijii / Baba Vieil homme / vieille femme	クソジジ / ババ Kuso jiji / baba Sale vieux / vieille

クソ

Kuso

M*rde

クソ！

Kuso !

P*tain ! M*rde !

キモイ

Kimoi

De « *kimochi warui* » : se sentir mal

キモイ！

Kimoi !

Dégueulasse, écœurant

サイテー

Saitei

Le plus bas, le pire

サイテイー！

Saitei- !

Le pire, horrible (en parlant d'une tierce personne)

煩い

Urusai

Bruyant

うるせー

Urusee

うっせーな

Ussee na

Tais-toi (litt. Trop de bruit)

やろう

Yarou

Selon le contexte : c*nnard, enfoiré, vaurien

このやろう

Kono yarou

Ce c*nnard

BON À SAVOIR

あの男・あの女

Ano otoko / ano onna : ce mec / cette meuf

Otoko et *onna* veulent respectivement dire « homme » et « femme ». Cependant, s'ils ne sont pas accompagnés de *no hito*, ils deviennent une manière impolie de parler d'autrui. Alors attention !

4. Le vocabulaire otaku

Apprendre le japonais à travers les mangas, c'est autant comprendre la grammaire utilisée que comprendre le langage à travers sa culture, ses onomatopées mais aussi son vocabulaire spécifique ! Comme tous les groupes de fan, les *otaku* ont leur propre vocabulaire, constitué de mots japonais, d'acronymes et d'argots qu'il est parfois difficile de décrypter quand on est *newbie* en la matière. Voici une petite liste de quelques termes *otaku* qui n'ont pas trouvé leur place ailleurs, mais qu'il faut absolument connaître pour être considéré comme un *nakama*.

Les gens

Otaku

Déjà, c'est quoi un *otaku* ? Ce mot qui signifie littéralement « maison » est largement utilisé par les médias occidentaux pour désigner les fans de mangas, animes et de la culture japonaise en général. Il a été détourné pour parler de toutes sortes de fans, on peut dire « *game otaku* », « *computer otaku* », « *densha otaku* » (*otaku* des trains, etc.).

Weeaboo

Il s'agit du niveau au-dessus des *otaku*. C'est l'insulte pour parler des gens obsédés par les mangas et animes. Ce terme est très péjoratif.

Senpai

Le titre qu'on utilise pour nommer un ou une camarade de classe du niveau supérieur, ou un collègue avec plus d'ancienneté au travail.

Kouhai

Parallèlement au *senpai*, le *kouhai* est le plus jeune / le moins expérimenté des deux dans la dynamique *senpai-kouhai*.

Tsundere

Vient de *tsun tsun* qui désigne quelqu'un de « distant, acerbe », et *dere dere* de « très affectueux ». Donc un *tsundere* est un personnage qui a l'air méchant et/ou froid, mais qui au final tient aux autres (Kyo dans

Fruits Basket, Tsukishima dans *Haikyuu!!* ou même Asuka dans *Neon Genesis Evangelion*).

Yandere

Vient de *yanderu*, « être malade », et *dere dere*, « très affectueux ». Les personnages *yandere* sont d'apparence douce et affectueuse mais cachent une personnalité psychotique, très violente et parfois extrême envers les personnes qu'ils ou elles affectionnent, ou ceux qui voudraient leur faire du mal (Yuno Gasai dans *Mirai Nikki*, Tsukiyama dans *Tokyo Ghoul*, Hisoka dans *Hunter x Hunter*).

Hikikomori

Le terme désigne quelqu'un qui s'enferme chez lui pour éviter toute interaction sociale. Ce phénomène sociétal se retrouve souvent dans les mangas et les animes tranche de vie. Quelques figures d'*hikikomori* sont Akito Sohma dans *Fruits Basket*, Kiri Komori dans *Sayonara*, Zetsubou-sensei et Hana dans *Hana et Alice mènent l'enquête*.

Freeter/Neet

Ces deux termes empruntés à l'anglais traduisent des faits sociétaux chez les jeunes et adultes de 15 à 35 ans.

Neet est une abréviation de « *Not in Education, Employment or Training* » qui signifie « pas d'éducation, sans emploi ni formation ». Les *Neet* vivent au crochet de leur famille comme Ryohei Alice dans *Alice in Borderland*. Les *Freeters*, eux, sont ceux vivant chez leurs parents, proches ou amis, travailleurs mais sans qualifications, souvent embauchés en temps partiel et emplois précaires.

Baito

Terme emprunté de l'allemand « *arbeit* » qui signifie « travail », les *arubaito* - ou juste *baito* - sont les petits jobs à mi-temps, au salaire peu élevé et souvent occupés par des étudiants (dans les *konbini*, *fast food*, etc.) et qui sont souvent appelés « *baito-kun* » par la clientèle et parfois même leurs supérieurs hiérarchiques.

Les choses

Bentou

Le panier-repas à la japonaise, préparé pour le repas du midi, de taille et de forme variées, le *bentou* est typiquement emballé dans un *furoshiki*, un carré de tissu japonais. Simple ou très décoré, équilibré avec protéines-féculents-légumes ou rempli d'un seul gros plat, le *bentou* reflète autant la personnalité de celui qui le prépare que la relation qu'il ou elle entretient avec la personne qui le mange. Un *bentou* soigneusement décoré et préparé est la preuve ultime d'un foyer aimant et agréable.

Cosplay

Mot composé de « *Costume* » et « *Play* », le cosplay est l'art de s'habiller comme ses personnages préférés, que ce soit des personnages de films, séries, animes, jeux vidéo, mangas, comics, etc. Souvent, les cosplayers se retrouvent dans des conventions spécialisées (Comic Con, Japan Expo, AnimeJapan...) et des concours de cosplay sont organisés à travers le monde.

Giri choco

Si, au Japon, la Saint-Valentin est l'occasion pour les femmes de déclarer leur flamme, le *giri choco*, lui, est le chocolat de courtoisie qu'on offre aux gens pour qui on n'a aucun sentiment, par exemple les collègues de travail. C'est une marque de politesse (voire une obligation sociale), contrairement aux *honmei choco,* qui sont ceux réservés à l'être aimé, et qui, quand ils sont faits maison, ont encore plus de valeur.

Les concepts

Con

« *Brocon* » et « *Siscon* » sont les diminutifs de « *brother complex* » et « *sister complex* » et sont l'obsession qu'un personnage peut avoir vis-à-vis de son frère ou de sa sœur.

Ce « *complex* » peut les pousser à surprotéger les membres de leur famille, à les jalouser ou à les idolâtrer selon les cas et leurs relations. En pratique, ce trope scénaristique se retrouve dans tous les genres et toutes les catégories de mangas.

Quelques exemples célèbres de *bro/siscon* sont :

- Tsukasa dans *Toilet Bond Hanako-kun* ;
- Naomi Tanizaki dans *Bungou Stray Dogs* ;
- Kusuke Saiki dans *La vie désastreuse de Saiki K.* ;
- Lelouch dans *Code Geass.*

On retrouve aussi ce schéma avec des parents complètement gagas de leurs enfants dans des séries comme *Kakushigoto* où le thème entier tourne autour de Goto, trop papa poule avec sa fille, mais aussi des exemples comme Endeavor dans *My Hero Academia* qui développe un *fathercon* vis-à-vis de son fils Shouto.

Ecchi

Littéralement l'épellation de la lettre « H », *ecchi* est le terme qui désigne quelque chose d'indécent, de sexy. Le style *ecchi* s'immisce dans tous les genres de mangas, et peut représenter de la nudité sans pour autant être explicite comme le *hentai* ; par exemple les scènes de dégustation dans *Food Wars* sont principalement *ecchi*, de même que le personnage de Tamaki dans *Fire Force* est fondamentalement *ecchi*.

Hentai

Du porno en somme, mais en manga et anime.

Fan service

Les scènes spécialement créées pour contenter les fans, avec des passages parfois *ecchi*, des situations OOC (*out of character*) ou encore des passages dits de remplissage dans les animes (qui n'existent pas dans les mangas). Dans les animes, les saynètes après les génériques de fin – « Amefuto clinic » dans *Eyeshield 21* ou « Juju sampo » dans *Jujutsu Kaisen* – peuvent être considérées comme des ajouts de *fan service*, où l'on voit les personnages dans des situations cocasses, complètement hors contexte.

Moe

De « *moeru* » – bourgeonne, avoir un coup de cœur, *moe* est un concept dérivé du *kawaii*, où les personnages sont ultra-mignons (et ultra-clichés). Le marché du *moe* vise les *otaku* en leur proposant des versions *moe*, *chibi* (version mini) et beaucoup d'objets dérivés de leurs personnages préférés. Le *moe* est plus souvent l'emblème des filles mignonnes, et est utilisé par les *otaku* hommes et dans les *maid café,* alors que les femmes auront plus tendance à dire « *kawaii !* » pour exprimer leurs sentiments envers les choses mignonnes.

Ship

De l'anglais « *relationship* », les *ships* sont les relations entre personnages, qu'ils soient *canon* (dans la version officielle) ou non. Les *ships* peuvent être hétéro, homo ou encore poly. D'une manière générale, les *ships* sont créés dans les *fandoms* à partir des noms des personnages, et adoptés par la communauté (« EdWin » pour le *ship* entre Edward et Winry dans *Fullmetal Alchemist*, et « Victuuri » pour le *ship* entre Victor et Yuuri dans *Yuri!!! on Ice* par exemple).

Waifu / Husbando

De l'anglais « *husband* » et « *wife* », ces deux termes veulent simplement dire « mari » et « femme ».

Dans le langage *otaku*, ils désignent les personnages préférés des lecteurs, ceux avec lesquels ils aimeraient finir leur vie (rien que ça !). On parle de *waifu / husbando material* quand le personnage a un gros potentiel pour devenir le/la préféré(e) du public. Ce terme dépasse maintenant les *otaku* puisqu'il est aussi utilisé pour les séries, jeux vidéo, films, comics, et célébrités en tout genre.

Partie 5

LA CULTURE JAPONAISE

1. Le Japon

L’archipel nippon

Archipel de l’Asie orientale du nord est, le Japon se compose d’un grand nombre d’îles et îlots, entourés du Pacifique, de la mer de Chine orientale, de la mer d’Okhotsk et de la mer du Japon. Ses quatre îles principales sont :

- Hokkaidō, au nord ;
- Honshū, la plus grande et où se trouvent les villes de Tōkyō, Ōsaka, Kyōto, Nagoya, Yokohama et Hiroshima, par exemple ;
- Shikoku ;
- Kyūshū, au sud.

Les îles d’Hokkaidō au nord et l’archipel d’Okinawa au sud se trouvent aux extrémités de l’archipel nippon, et les différences de températures et de topographies rendent le paysage japonais varié et unique.

Si le ministère des Affaires intérieures et des Communications recensait 6 862 îles japonaises en 2021, seulement 416 seraient habitées, pour une population totale de 125,7 millions de personnes. Les îles, reliées entre elles par voies ferroviaires, terrestres, maritimes et/ou aériennes offrent à leurs visiteurs voyages et dépaysement en terre inconnue !

Le calendrier japonais

L'abdication de l'empereur Akihito le 30 avril 2019 a été un événement à marquer d'une pierre blanche au Japon. En effet, plus de 30 ans après le début de l'ère Heisei, l'empereur a décidé de faire place et de laisser le trône à son fils Naruhito, pour ainsi débuter l'ère Reiwa, ou « la belle harmonie ».

Mais comment fonctionne le système des ères dans le calendrier nippon, et combien de temps durent-elles ? Eh bien, cela dépend.
Le système moderne japonais regroupe les années sous des périodes de règnes empiriques, dites les « ères ». Chaque ère porte un nom spécifique, et sa durée est normalement délimitée par le décès du précédent empereur, rendant l'ère Reiwa exceptionnelle, puisque Akihito a décidé d'abdiquer et de changer d'ère de son vivant.

Il y a officiellement 248 ères dans le calendrier japonais, mais intéressons-nous particulièrement à l'époque Edo et aux ères modernes.

L'époque d'Edo : 1603-1868

C'est la dernière époque dite « traditionnelle » du Japon. Fondée par le général Tokugawa Ieyasu, le *shougun*, elle est caractérisée par un développement économique fort et une domination de la famille Tokugawa; qui reste 250 ans au pouvoir. C'est de cette période que nous vient l'imagerie des *samurai* et des *rounin*, mais elle marque aussi la naissance du célèbre peintre Hokusai en 1760. La capitale est Edo, l'ancien nom de Tōkyō. À cette époque, les ères se succèdent et changent, sans lien de corrélation avec le décès des empereurs. Elles délimitent simplement les grandes batailles, catastrophes naturelles et autres événements marquants du Japon.

Quelques titres inspirés et/ou situés pendant l'époque d'Edo :

- *Vagabond*, de Takehiko INOUE.
- *Sakuran*, de Moyoco ANNO.
- *Gamaran*, de Yōsuke NAKAMARU.
- *Samurai Champloo*, de Shin'ichirō WATANABE.

L'ère Meiji : 1868-1912

Débutant avec l'abdication du dernier *shougun*, Tokugawa Yoshinobu, l'ère Meiji se caractérise par un basculement du système féodal, où les *samurai* sont au centre de tout, vers un système industriel, plus proche de celui des Occidentaux. Edo est rebaptisée Tōkyō, les *samurai* perdent leur statut de guerriers, le Japon s'ouvre à l'extérieur, et le nouvel empereur tente de rattraper le retard technologique de son pays, notamment d'un point de vue militaire.

Quelques titres inspirés et/ou situés pendant l'ère Meiji :

- *Kenshin le vagabond,* de Nobuhiro WATSUKI.
- *Peace Maker*, de Nanae CHRONO.
- *Golden Kamui*, de Satoru NODA.
- *Gintama*, de Hideaki SORACHI.

L'ère Taishō : 1912-1926

Ère la plus brève de l'histoire du Japon contemporain, l'ère Taishō est une période d'instabilité, de croissance économique fulgurante mais aussi de bouleversements dus à la modernisation du pays et des influences extérieures. C'est pendant cette ère que le Japon s'allie à la France et au Royaume-Uni lors de la Première Guerre mondiale.

Quelques titres inspirés et/ou situés pendant l'ère Taishō :

- *Kimetsu no Yaiba,* de Koyoharu GOTOUGE.
- *Sakura Wars,* de Oji HIROI, Ikku MASA et Kōsuke FUJISHIMA.

L'ère Shōwa : 1926-1989

Cette ère est marquée par la crise économique de 1928, la montée du nationalisme, les bombes de la Seconde Guerre mondiale, l'occupation américaine au Japon, mais aussi le développement du pays après-guerre, avec un essor dans les industries automobile, ferroviaire et technologique. C'est la période de règne la plus longue d'un empereur japonais, et en 1989 le Japon était considéré comme la 2e puissance économique mondiale.

Quelques titres inspirés et/ou situés pendant l'ère Shōwa :

- *Le Tombeau des lucioles,* Isao TAKAHATA.
- *Doraemon,* de Fujiko FUJIO.
- *Osomatsu-san,* de Fujio AKATSUKA.

L'ère Heisei : 1989-2019

Si la paix est un des grands symboles de l'ère Heisei, on note que cette période a été politiquement trouble (15 ministres différents sur ses dix premières années), mais aussi frappée par de nombreux séismes dévastateurs, comme celui de Kōbe en 1995 et de Fukushima en 2011. C'est aussi bien sûr la première ère moderne à connaître une succession par abdication au profit du fils de l'empereur, Naruhito.

L'ère Reiwa : 2019-de nos jours

Il s'agit de la nouvelle ère, tristement marquée par le coronavirus et les Jeux olympiques de 2020, décalés en 2021, à Tōkyō.

Les dates de naissance

Il existe donc pour les Japonais deux manières de visualiser le temps qui passe et de compter leur année de naissance !

Ainsi, dans les textes officiels, il est coutume de voir dans la partie date de naissance 3 ou 4 *kanji* représentant les ères, auxquels il faut ajouter la date de l'année qui correspond à l'année de naissance.

Par exemple :

1982 : Shōwa 57

1989 : Shōwa 64 / Heisei 1

1999 : Heisei 10

2005 : Heisei 17

Le vocabulaire historique

Kanji	Kana	Romaji	Français
時代	じだい	*jidai*	ère, période
明治	めいじ	*meiji*	gouvernement éclairé
大正	たいしょう	*taishou*	grande justice
昭和	しょうわ	*shouwa*	paix éclairée
平成	へいせい	*heisei*	accomplissement de la paix
令和	れいわ	*reiwa*	belle harmonie
将軍	しょうぐん	*shougun*	chef militaire, général
侍	さむらい	*samurai*	guerrier, samurai
浪人	ろうにん	*rounin*	samurai sans maître
江戸	えど	*Edo*	Edo, ancien nom de Tokyo
地震	じしん	*jishin*	séisme
戦争	せんそう	*sensou*	guerre
平和	へいわ	*heiwa*	paix, harmonie

2. La nourriture japonaise

Washoku, la nourriture japonaise traditionnelle

La nourriture a toujours tenu une place prépondérante dans l'aspect social, familial et culturel des pays et des civilisations. C'est bien souvent à travers les plats, les épices et les spécialités culinaires que l'on découvre de nouvelles facettes d'un pays, et le Japon n'est pas une exception.
Reconnue comme patrimoine mondial culturel par l'UNESCO en 2013, le *washoku*, ou la cuisine traditionnelle japonaise, a sa part belle dans la littérature et la culture *otaku*.

Bien que les mangas et animes ne soient pas des représentations parfaites de la vie à la japonaise, ils nous permettent d'en apprendre plus sur les us et coutumes du pays du Soleil-Levant. Les réalisateurs comme Hayao Miyazaki, Makoto Shinkai et les mangakas comme Akira Toriyama n'ont jamais eu de cesse de sublimer la nourriture, entre plans séquences sur la confection des plats dans leurs longs-métrages pour les premiers, et scènes de dégustation à la Son Goku pour le dernier.
Les mangas donnent envie de goûter les plats mangés par les héros, de confectionner des *bentou* comme ceux préparés avec amour par les membres de la famille et de visiter les bars japonais - *izakaya* - en fin d'une longue journée de dur labeur.

Si certaines séries parlent de spécialités non japonaises, comme *Les Gouttes de Dieu* - manga viticole -, *Yakitate Japan* - manga sur le pain et la boulangerie -, ou encore *Bambino !* - sur le monde de la restauration -, beaucoup abordent des sujets et des plats typiques comme dans *Food Wars !* dans lequel les élèves de l'école culinaire Tootsuki s'affrontent à base de duels à la « Top Chef » pour défendre leurs cuisines et monter en grade dans les rangs des meilleurs cuisiniers de l'école.

C'est d'ailleurs dans *Food Wars !* que l'on voit apparaître des segments recettes où les personnages expliquent leurs plats et les changements apportés par rapport aux versions originales, ainsi qu'un récapitulatif pour essayer soi-même ! Ou comment faire du manga éducatif en un coup de cuillère à pot !

À l'inverse des *shounen* culinaires, au sein desquels épreuves de survie (ou presque), batailles de feu et duels sont monnaie courante ; d'autres mangas se tournent eux vers la tranche de vie et l'organisation du quotidien.
Dans ce registre, on retrouve des œuvres telles que *La Voie du tablier* ou encore *Kinou nani tabeta* (trad. T'as mangé quoi hier ?) où l'on expérimente par procuration la vie de quartier des héros, leurs gestions des finances du foyer, les *bentou* préparés et parfois oubliés, les petits drames du quotidien et autres tropes des tranches de vie à la japonaise – comme le jour des soldes ou encore les heures creuses en fin de journée ou certains articles sont moins chers dans les magasins. Tant de choses anodines pour un natif mais charmantes et atypiques qui permettent d'en apprendre plus sur la culture et la vie à la japonaise.

Les spécialités culinaires changent d'une région à l'autre du pays, et si certaines (comme le bœuf de Kōbe) sont parvenues jusqu'en Europe, bien d'autres sont encore à découvrir. Petit tour d'horizon des mets les plus célèbres.

Les *ramen*

Plat préféré de Naruto dans le manga éponyme, ces nouilles d'origine chinoise sont arrivées dans les bols japonais vers la fin du XIXe siècle, en commençant par le quartier de *Chinatown* à Yokohama.

Il existe des règles implicites pour bien manger des *ramen* au restaurant :

- on ne partage surtout pas ses *ramen* ;
- on peut faire « slurp slurp » avec ses *ramen* sans passer pour un mal élevé ;
- on ne doit pas les laisser ramollir ;
- on peut demander un surplus de nouilles pour finir son bouillon ;
- on ne traîne pas, les *ramen* c'est comme dans les *fast food,* on mange et on s'en va vite pour laisser la place aux autres !

Les *sushi*

Le *sushi* est un mets cher et rarement mangé par les natifs, sauf en jour de fête ou pour se faire vraiment plaisir. Bien qu'on en trouve en *konbini*, il est bien plus rare d'en manger au restaurant par rapport à l'Occident, où tout restaurant japonais basique aura sa myriade de *sushi*, *sashimi, maki,* etc.

Côté pratique : Selon la région, les *sushi* se mangent avec ou sans baguettes.
Pour visualiser le côté « sans baguettes », manger des *sushi* à la main s'apparente à manger des petits fours, on les prend à la main, on trempe le poisson (uniquement le poisson) dans la sauce et on en fait qu'une bouchée ! À la suite de quoi on mange un morceau de gingembre pour se nettoyer le palais entre les saveurs.

Les petits-déjeuners sont salés

Le petit-déjeuner traditionnel japonais s'apparente plutôt à un déjeuner classique puisqu'il est salé ! En effet, pas de baguette, beurre, confiture ou autres bacons-œufs à l'américaine, mais du poisson, du riz, de la soupe *miso* et des légumes. Repas léger pour bien commencer la journée, il peut se compléter par du *natto*, ces fameuses fèves de soja fermentées dont l'odeur peut en rebuter plus d'un. Le riz et la soupe peuvent être préparés la veille pour gagner du temps au réveil.

Les *donburi*, à toutes les sauces

Le *donburi* est un bol de riz mélangé avec… un peu tout ce qui peut nous tomber sous la main et qui se marie bien avec du riz ! Eh oui, tout peut être un *donburi* !

Le *gyuudon* ? Un *donburi* au bœuf. Le *katsudon* ? Un *donburi* à l'escalope de porc pané ! Le *tendon* est, lui, un *donburi* au *tempura* (pâte à beignets salés), tandis que le *toridon* et l'*unadon* sont respectivement du poulet et de l'anguille dans un bol de riz.

Bref, le *donburi* se prête à toutes les occasions et est une solution pratique pour réutiliser les restes.

Quelques spécialités régionales

Tōhoku

- Le *ishikari nabe* de Hokkaidō - ragoût au saumon et au *miso*
- Les *sekai ichi* de Aomori - les pommes les plus chères du monde

Chūbu

- Le *miso katsu* de Nagoya - des côtes de porc panées au *miso*

Chūgoku

- Les *gyoza* d'Utsunomiya
- Le poisson *fugu* de Shimonoseki
- Le crabe de Tottori
- Les huîtres d'Hiroshima
- Les *okonomiyaki* d'Hiroshima - contrairement à la version du Kansai, les éléments de la crêpe sont superposés et pas mélangés

Kansai

- Les *takoyaki* - des boulettes de poulpe, *street food* incontournable de la ville d'Ōsaka
- Les *okonomiyaki* d'Ōsaka - crêpe épaisse garnie de viande/poisson/légumes
- Le *wagyuu* - bœuf de Kōbe

Kantō

- Le *monjayaki* de Tōkyō - l'*okonomiyaki* tokyoïte
- Les *yakimanju* de Gunma - les brioches sucrées au *miso*

Kyūshū

- Les *hakata ramen* de Fukuoka
- Le *chicken nanban* de Miyazaki
- Le *tonkatsu* de Kagoshima - l'escalope de porc panée

Le vocabulaire de la nourriture

Kanji	Kana	Romaji	Français
食べ物	たべもの	tabemono	nourriture
飲み物	のみもの	nomimono	boisson
和食	わしょく	washoku	nourriture japonaise
朝ご飯	あさごはん	asa gohan	petit-déjeuner
昼ご飯	ひるごはん	hiru gohan	déjeuner
弁当	べんとう	bentou	panier-repas
自動販売機	事同はんばいき	jidouhanbaiki	distributeurs automatiques
	レストラン	resutoran	restaurant
	コンビニ	konbini	supérette
肉	にく	niku	viande
魚	さかな	sakana	poisson
果物	くだもの	kudamono	fruits
野菜	やさい	yasai	légumes
お酒	おさけ	osake	alcool
買う	かう	kau	acheter
払う	はらう	harau	payer
食べる	たべる	taberu	manger

飲む	のむ	nomu	boire
	にします	*ni shimasu*	choisir (un plat)
持ち帰る	もちかえる	mochikaeru	à emporter
居酒屋	いざかや	*izakaya*	bar populaire
箸	はし	hashi	baguette
	ナイフ	naifu	couteau
	フォク	fooku	fourchette
美味しい	おいしい	oishii	bon
不味い	まずい	mazui	mauvais
甘い	あまい	amai	sucré
辛い	からい	karai	épicé, piquant
苦い	にがい	nigai	amer
酸っぱい	すっぱい	suppai	acide
洋食	ようしょく	youshoku	nourriture occidentale
お勘定	おかんじょう	okanjou	l'addition
別々	べつべつ	betsubetsu	payer séparément

3. L'école et l'université

Dans l'archipel nippon, l'année scolaire débute en avril et le premier trimestre se termine à la mi-juillet, les élèves étant en vacances jusqu'à début septembre. C'est généralement l'été que les tournois de sport se déroulent.
Le deuxième trimestre va de septembre à la mi-décembre, suivi d'une courte pause.
Les cours reprennent début janvier, pour le troisième trimestre, et se terminent en mars.

Comme en France, l'école japonaise se divise en 4 sections principales :

- la maternelle de 3 à 6 ans ;
- le primaire de 6 à 12 ans ;
- le collège de 12 à 15 ans ;
- le lycée de 15 à 18 ans.

On note que l'école primaire fait un an de plus qu'en France, ce qui pour certains mangas crée un décalage avec la France, car la première année de collège correspond à notre année de 5e.
Contrairement au compte à rebours français, les années sont simplement comptées dans l'ordre. En primaire, on a donc les années 1 à 6 et, au collège et au lycée, les élèves sont simplement en première, seconde et troisième années.

Le rythme typique des journées scolaires est de 8 h 30 à 15 h, du lundi au vendredi. Ce sont les professeurs qui changent de classe et non

l'inverse. Les élèves sont à tour de rôle responsables du ménage dans la salle de classe, et en primaire les enfants mangent la même chose, et se servent entre eux au tour à tour. Pas de *bentou* ou de cafet' avant l'entrée au collège !
La plupart des élèves sont inscrits en activités extrascolaires ou en cours de soutien avant et/ou après l'école.

Dans les mangas, le mythe du petit génie de première année, arrivant à l'école pour renverser le système scolaire ou être le meilleur dans l'équipe de sport, est un trope très souvent utilisé. Exemple avec le manga *Prince of tennis (Tenisu no Oujisama)* dans lequel le personnage d'Echizen, en première année, est traité comme un élève de primaire effronté (d'ailleurs, les premières éditions traduites à l'époque le disaient en 5e, confondant un tantinet le lecteur).

Les écoliers portent des uniformes, avec des versions « été » et « hiver » ; l'été étant une période très humide et parfois très chaude au Japon. La tenue est codifiée dans le règlement intérieur, du sac à dos jusqu'aux chaussures d'intérieur (les chaussures de ville restent dans les casiers à l'entrée). Et si quelques variations sont permises selon les écoles, les *yankees* - ou délinquants - s'amusent quant à eux à défier l'autorité en se teignant les cheveux ou en ne suivant pas les règles vestimentaires à la lettre.

Dans les mangas, le comité des étudiants (CDE) des lycéens sert principalement à faire respecter les règles, vestimentaires et de comportement, à organiser les clubs, le budget de ces derniers, la répartition de leurs espaces dans l'école et il veille à la bonne organisation des festivals culturels. Le président du CDE est souvent une figure adulée de tous !

Enfin, si l'école est obligatoire jusqu'au diplôme de fin de collège en 3e, nombreux sont celles et ceux qui décident de s'arrêter à la fin du lycée pour trouver un travail et subvenir à leurs besoins.
En effet, si l'école est partiellement gratuite, l'université, elle, coûte très cher. Qu'elle soit publique et très sélective, ou privée et onéreuse, l'université au Japon est un investissement à ne pas prendre à la légère. Entre le coût des cours du soir pour réussir les examens d'entrée, les frais d'examens et le prix des cursus eux-mêmes, les Japonais se

ruinent pour trouver leurs places au sein des meilleures écoles supérieures. C'est donc normal qu'on retrouve différents tropes sur l'étudiant qui bûche comme un fou en dernière année pour entrer dans son université de prédilection, à l'instar de *Blue Period*, ou encore sur les sportifs qui tentent de décrocher des bourses universitaires pour payer leurs études.

Ceux qui échouent aux examens d'admission et prennent une année de césure en vue de tenter leur chance l'année suivante sont communément appelés *rounin* ou littéralement des « *samurai* sans maître », autrement dit, des personnes sans travail et sans but !

Le vocabulaire spécifique de l'école

Kanji	Kana	Romaji	Français
学校	がっこう	gakkou	école
小学校	しょうがっこう	shougakkou	école primaire
中学校	ちゅうがっこう	chuugakkou	collège
高校	こうこう	koukou	lycée
大学	だいがく	daigaku	université
先生	せんせい	sensei	professeur
学生	がくせい	gakusei	élève
大学生	だいがくせい	daigakusei	étudiant
留学生	りゅうがくせい	ryuugakusei	élève étranger
教室	きょうしつ	kyoushitsu	salle de classe
制服	せいふく	seifuku	uniforme

	ランドセル	randoseru	sac à dos japonais
授業	じゅぎょう	jugyou	cours
宿題	しゅくだい	shukudai	devoirs
試験	しけん	shiken	examen
卒業	そつぎょう	sotsugyou	remise de diplôme
先輩	せんぱい	senpai	élève de la classe supérieure
個配	こうはい	kouhai	élève de la classe inférieure
	クラスメイト	kurasumeito	camarade de classe
給食	きゅうしょく	kyuushoku	repas du midi
昼休み	ひるやすみ	hiru yasumi	pause déjeuner
部活	ぶかつ	bukatsu	activités extrascolaires
生徒会	せいとかい	seitokai	comité étudiant
文化祭	ぶんかさい	bunkasai	festival de l'école
浪人	ろうにん	rounin	étudiant en année de césure
受ける	うける	ukeru	passer un examen
受かる	うかる	ukaru	réussir un examen
落ちる	おちる	ochiru	rater un examen
入学する	にゅうがく する	nyuugaku suru	entrer dans une école

4. Les sports

C'est au Japon que les arts martiaux comme le *kendou*, le *juudou*, l'*aikidou*, le *karate* et le *sumou* voient le jour. Appréciés et pratiqués dans l'archipel et partout dans le monde, certains de ces arts, dits *budou* (ou « la voie du combat »), ont été inventés il y a plusieurs siècles pour l'attaque et la défense en temps de guerre. De nos jours, ils sont pratiqués pour leurs vertus éducatives, sportives, esthétiques et spirituelles. Dans le *budou*, « un esprit sain dans un corps sain » n'est pas juste une tournure de phrase, mais une philosophie que les pratiquants se voient inculquer jour après jour.

À l'instar des sports empruntés à l'Occident, les arts martiaux ont gardé leurs noms d'origine à l'étranger, certaines pratiques et mots japonais sont même entrés dans le rituel des matchs - exemple en *juudou* où l'on commence un combat avec « *hajime* » (commencez), et où l'on stoppe le combat au « *mate* » (arrêtez/attendez) de l'arbitre.

Classique incontournable du *shounen*, le manga de sport est un basique dans les magazines de prépublication. De *Slam Dunk* en basket à *Eyeshield 21* en football américain, en passant par *Diamond no Ace* en baseball, ou encore *Haikyuu!!* en volley, les auteurs puisent leur inspiration dans le monde sportif et glorifient la compétition à travers leurs jeunes personnages en quête de victoire.

Au cours de l'année scolaire a lieu le « festival des sports ». Pendant cette journée obligatoire, les élèves s'affrontent en équipe en vue de gagner des courses de relais ou des jeux comme le tir à la corde. Une compétition de *cheerleading* japonais - ou *ouendan* - avec des tambours *taiko*, des danses et des chants est très souvent organisée.
Divisées par couleurs, les équipes peuvent être un mélange de classes et de niveaux pour créer des échanges entre *kouhai* et *senpai*. Les jours

précédents, des entraînements et répétitions sont consacrés à l'événement, très important dans la vie scolaire des établissements. Les professeurs et parents sont aussi parfois invités à participer aux différents concours.

Dans le manga *My Hero Academia,* la seconde épreuve du championnat sportif des premières années reprend un classique des festivals du sport, à savoir la « bataille des cavaliers » où le jeu consiste à arracher le plus de bandeaux aux adversaires sans perdre celui de son chef d'équipe.

Le vocabulaire spécifique des sports

Kanji	Kana	Romaji	Français
	スポーツ	supootsu	sports
	チーム	chiimu	équipe (de l'anglais team)
選手	せんしゅ	senshu	athlète / membre de l'équipe
体育	たいいく	taiiku	EPS
運動会	うんどうかい	undoukai	la fête du sport
運動 する	うんどうする	undou suru	faire du sport
排球	はいきゅう	haikyuu	volleyball
バレーボール	バレーボール	bareebooru	volley
	バスケットボール	basuketto booru	basketball
	テニス	tenisu	tennis

卓球	たっきゅう	takkyuu	ping-pong
	ゴルフ	gorufu	golf
	ラグビー	ragubii	rugby
	サッカー	sakka	foot
野球	やきゅう	yakyuu	baseball
弓道	きゅうどう	kyuudou	tir à l'arc japonais
水泳	すいえい	suiei	natation
	ボクシング	bokushingu	boxe
剣道	けんどう	kendou	kendo
柔道	じゅうどう	juudou	judo
合気道	あいきどう	aikidou	aïkido
相撲	すもう	sumou	sumo
空手	からて	karate	karaté
試合	しあい	shiai	match
勝つ	かつ	katsu	gagner
負ける	まける	makeru	perdre
練習	れんしゅう	renshuu	entraînement
武道	ぶどう	budou	arts martiaux

5. Le divertissement et le monde de la nuit

Le divertissement

S'inspirant largement des activités mondaines comme sujet d'histoire, il n'est pas étonnant que les mangakas puisent dans le réel pour créer des œuvres originales et faire découvrir à leur lectorat des aspects de la culture japonaise, parfois oubliés ou perçus comme ringards.
Si le *shounen* sportif met en lumière certaines activités pas nécessairement vues comme glamour - comme le cyclisme avec *Yowamushi Pedal* ou le *kabaddi* dans *Burning Kabaddi,* les autres disciplines artistiques et intellectuelles ne sont pas en reste.

Le go, le *shougi*, le pachinko

L'apogée du *go*

Sorti en 1999, *Hikaru no go* est un manga écrit par Yumi Hotta et dessiné par Takeshi Obata, dessinateur de *Death Note.* Centré sur la pratique du *go*, le héros Hikaru est hanté par un fantôme prénommé Saï, professeur et accro au jeu du *go*. Grâce à ce dernier, Hikaru va apprendre les rudiments du *go* et affronter ses adversaires pour devenir le meilleur joueur du Japon.
Trope classique mais hautement efficace, le manga a connu un franc succès et a été traduit dans de nombreux pays et adapté en anime, faisant découvrir le *go* à travers le monde.

Rei et le *shougi* dans *March comes in like a lion*

Le *shougi* est un jeu de société traditionnel japonais s'apparentant aux échecs. Si le *go* est une lutte de contrôle de territoire, le *shougi* lui repose sur la capture du roi. Activité préférée de Shikamaru dans *Naruto*, ce jeu de stratégie a lui aussi ses mangas et animes attitrés, notamment *March comes in like a lion,* écrit par Chika Umino.

Plus tranche de vie que *shounen* d'aventure, il dépeint la jeunesse de Rei, ce taciturne génie du *shougi*, et son parcours pour devenir un professionnel de renom. Contrairement à *Hikaru no go,* on ne se focalise pas sur les règles du jeu mais plus sur le monde sélect et fermé des tournois de *shougi* professionnels, de la solitude et de la rigueur que cela implique de se consacrer à sa passion pour devenir le meilleur.

Les jeux de hasard

Dans les *seinen,* voire certains *shounen*, les hommes vus comme « bons à rien » ou peu dignes de confiance sont pour beaucoup des aficionados de salles de *pachinko*, jeux de hasard et autres paris.

Thème récurrent dans *Gintama*, Gintoki ne peut s'empêcher de dilapider son argent durement acquis en allant au *pachinko*, ces casinos japonais réservés à la clientèle adulte. Dans le manga *Kaiji*, le héros tente de se sortir de la misère et de régler ses dettes en jouant à des jeux de hasard. On retrouve le même schéma avec Tsunade, 5e chef du village de *Naruto*, qui, affublée du surnom « pigeon légendaire » se faisait plumer dans les salles de paris avant d'être retrouvée par le héros.

Souvent utilisés à des fins humoristiques, les tropes sur les paris et jeux entre personnages sont aussi utilisés dans des mangas psychologiques et/ou horreur comme dans *Liar Game* de Shinobu Kaitani ou encore *Alice in Borderland* de Haro Asō.

Le Japon, la nuit

Entre les petits bars intimistes de Kabukichō et les bars à hôtesses des grandes villes, la nuit japonaise fascine et intrigue. Et pourtant, si les mangas sur le monde de la nuit, et plus précisément sur les affrontements entre gangs et la jeunesse perdue sont foisons (comme *Tokyo Revengers* de Ken Wakui ou encore *Coq de Combat* de Izō Hashimoto), les mangas sur les *geisha* et les *yakuza* se font eux plus rares.

Largement représentés dans les *hentai* et les *yaoi*, les mangas *yakuza* sont naturellement plus portés sur la violence, les meurtres et les gangs comme dans le seinen *The Fable* de Katsuhisa Minami, ou certains *yaoi* comme *Twittering birds never fly* de Kou Yoneda ou encore *Acid Town* de Kyuugou, qui connaissent de francs succès en sérialisation longue.

Le monde des *yakuza* ayant son propre vocabulaire, sa propre esthétique et ses codes, il sert parfois de béquille narrative, et se mélange avec des thèmes fantastiques, comme les *youkai* dans le manga *Ayashimon* de Yūji Kaku, ou les tranches de vie *seinen* comme dans *La Voie du tablier* de Kōsuke Ōno.

À l'inverse, le monde de la mafia est lui plus facilement intégré dans l'imaginaire *shounen*, avec des titres comme *Bungou Stray Dogs* de Kafka Asagiri, mais aussi *Hitman Reborn!* d'Akira Amano, sans oublier l'incontournable *JoJo's Bizarre Adventure - Golden Wing* de Hirohiko Araki.

Utilisé en pivot central des histoires, le monde de la nuit et du divertissement est une autre facette du Japon, dépeinte de manière épique, fantastique et romancée par les mangakas, contrastant largement avec l'idée générale que l'on se fait d'un des pays les plus sûrs au monde.

Le vocabulaire spécifique du monde de la nuit

Kanji	Kana	Romaji	Français
夜	よる	yoru	nuit
	やくざ	yakuza	gangster
組長	くみちょう	kumichou	chef de clan yakuza
兄貴	あにき	aniki	membre au rang plus élevé dans le clan
将棋	しょうぎ	shougi	shougi

碁	ご	go	go
	パチンコ	pachinko	machine à sous japonaise
	ナイトクラブ	naito kurabu	boîte de nuit
	ホストクラブ	hosuto kurabu	bar à hôtes ou hôtesses
	パーティーピープル	paatii piipuru	fêtards
居酒屋	いざかや	izakaya	bar japonais
	カラオケ	karaoke	karaoké
	ゲームセンター	geemu centaa	salle d'arcades
飲み放題	のみほうだい	nomihoudai	boisson à volonté
乾杯	かんぱい	kanpai	santé
一気!一気!一気!	いっき!いっき!いっき!	Ikki ! Ikki ! Ikki !	Cul sec ! Cul sec !
終電車	しゅうでんしゃ	shuudensha	dernier métro

6. Les fêtes et événements de l'année

À l'instar de nombreux pays, les Japonais ont adopté certaines fêtes occidentales comme Halloween ou Noël, mais leur manière de les célébrer pourrait bien vous surprendre ! Voici un petit panorama des fêtes et événements japonais au fil de l'année.

Le Nouvel An

Instaurée depuis le XIXe siècle seulement, la célébration du passage à la nouvelle année est une des fêtes familiales les plus importantes au Japon. Alors que nous avons plutôt l'habitude de célébrer la nouvelle année entre amis, les Japonais, eux, en profitent pour se retrouver en famille, les commerces fermant pendant quelques jours.

Les maisons se décorent d'ornements pour attirer les faveurs des dieux et les protéger des démons *shintou*. Des *bounenkai* - grosses soirées de fin d'année - sont organisés entre amis et collègues pour oublier les déboires de l'année écoulée.

En famille, on mange des nouilles appelées *toshikoshi soba*, qu'il faut finir pour se débarrasser des difficultés de l'année, et on se rend au temple (bouddhiste) ou au sanctuaire (pour les shintoïstes) pour le *hatsumode* - ou la première visite de l'année au temple, pour porter chance.
Le taux de fréquentation des lieux de culte pendant cette première nuit/matinée explose, et il n'est pas rare de fêter les douze coups en faisant la queue pour faire sa prière.

La Saint-Valentin et le White Day

La Saint-Valentin est assez similaire à la « fête » occidentale, sauf que ce sont uniquement les femmes qui offrent des chocolats achetés ou faits maison aux hommes qu'elles apprécient et dont elles sont amoureuses.

Si les hommes ne font rien à la Saint-Valentin, c'est lors du *White Day,* le 14 mars, qu'ils ont l'occasion de « répondre » aux sentiments amoureux reçus, en donnant un cadeau en retour !

Très commerciales, ces deux fêtes sont pourtant un trope classique des animes et mangas prenant place au lycée. On retrouve souvent l'élève faisant des pâtisseries et apprenant à cuisiner jusqu'à tard le soir pour offrir des chocolats à l'être aimé, ou à l'inverse le héros qui retrouve son bureau ou son casier enseveli de chocolats (alors que souvent il n'aime pas le chocolat et y est complètement indifférent).

La Golden Week

La *Golden Week* est une semaine de quatre jours fériés, s'étalant de fin avril à début mai. En effet, le 29 avril, ainsi que les 3, 4 et 5 mai étant fériés, les Japonais en profitent pour poser des congés du 30 avril au 2 mai et parfois partir en vacances.

Prendre des vacances est encore assez mal perçu dans certaines entreprises japonaises, donc quand elle tombe bien la *Golden Week* est une bonne excuse permettant aux travailleurs de prendre une semaine voire dix jours de vacances bien méritées (week-ends inclus).

Pendant cette période, il n'y a aucune parution de mangas dans certaines maisons d'édition. Par exemple, la Shueisha, qui publie le *Shounen Jump,* ne publie pas pendant la *Golden Week,* et ce n'est pas tout ! Les salariés de la maison d'édition sont aussi en repos la dernière semaine de décembre et la première semaine de janvier, et rien ne sort non plus pour la première semaine d'août.

Les festivals culturels d'école

Les *bunkasai* sont les journées portes ouvertes des écoles japonaises. « *Bunka* » signifie « culturel », et c'est pendant ces journées que les écoliers de tout âge créent des activités par classe pour les visiteurs. Si les journées portes ouvertes en France permettent essentiellement de montrer le travail des étudiants et d'intéresser les futurs candidats, les *bunkasai* sont aussi et surtout un jour de festivités pour les élèves, leurs amis et la famille.

Au lycée et à l'université, les festivités sont ouvertes au public, les badauds pouvant y trouver des stands de nourritures variées, cafés à thème et maisons hantées dans les salles de classe, concerts et autres pièces de théâtre, et parfois même des concours de talent dans l'auditorium ; le tout organisé par les étudiants eux-mêmes, ainsi que le comité des étudiants. Les clubs sont mis en avant pendant cette période, c'est le moment pour chacun de briller et de mettre en valeur sa passion.

Dans les mangas où l'action se passe en partie à l'école, comme *Blue Period*, *La Mélancolie de Haruhi Suzumiya* ou encore *My Hero Academia*, on trouve souvent des arcs entiers consacrés aux *bunkasai*, avec un vote du thème par classes, une préparation plus ou moins laborieuse les semaines précédentes, et une présentation de la journée de travail des élèves.

Noël

Alors que la célébration de la nouvelle année est souvent réservée à la famille, Noël est une fête qui se célèbre entre amis et en couple. Tout à l'inverse de l'Occident, on profite de Noël pour prévoir des dîners, soirées et sorties en tout genre, la fête n'ayant plus rien à voir avec le christianisme. Le 24 est notamment l'une des journées les plus romantiques au Japon. Les couples sont de sortie et envahissent les *izakaya*, les restaurants et les rues en général, profitant des décorations pour rendre ce jour idyllique.

Quand il est célébré en famille, le traditionnel repas de Noël n'est pas du tout « traditionnel » pour les Occidentaux ! En effet, on ne consomme pas de bûches en fin de repas mais des *kurisumasu keiki* – ou le gâteau de Noël, vendu sur tout l'archipel sous toutes les coutures. Ce dessert s'accompagne de la tradition étrange de savourer un *bucket* de KFC.

Eh oui ! Pas de dinde, pas de marrons, mais du KFC en guise de dîner. La demande est telle qu'il faudrait commander son *bucket* des semaines voire des mois à l'avance pour le déguster le jour J. Cette tradition vient du manager de la première enseigne KFC du pays qui a lancé une opération commerciale de « *Christmas party bucket* » pour faire connaître la marque dans les années 70. Énorme succès de l'époque, les Japonais ont complètement adopté cette « tradition » et il est estimé que plus de 4 millions de foyers consomment KFC à Noël, rendant le poulet américain le plat le plus dégusté le 24 décembre.

Vocabulaire spécifique des événements de l'année

Kanji	Kana	Français	Période
祭り	*matsuri*	festival	
文化祭	*bunkasai*	festival culturel	août
花見	*hanami*	floraison des cerisiers	début du printemps
花火	*hanabi*	feux d'artifice	juillet-août
ひな祭り	*hina matsuri*	festival des poupées / fête des filles	3 mars
ゴールデンウィーク	*go–ruden ui–ku*	Golden week de mai	fin avril, premiers jours de mai
子供の日	*kodomo no hi*	Jour des enfants	5 mai
母の日	*haha no hi*	fête des mères	2e dimanche du mois de mai
父の日	*chichi no hi*	fête des pères	3e dimanche du mois de juin
灯籠流し	*tourou nagashi*	festival des lanternes	15 août au soir

七五三	*shichi go san*	fête des 3, 5 et 7 ans	15 novembre
バレンタインデー	*barentain dee*	Saint-Valentin	14 février
ホワイトデー	*howaito dee*	White Day	14 mars
クリスマス	*kurisumasu*	Noël	25 décembre
ハロウイン	*haroui-n*	Halloween	31 octobre
夏休み	*natsu yasumi*	vacances d'été	mi-juillet à fin août
春休み	*haru matsuri*	vacances de printemps	10 jours de fin mars à début avril
夏祭り	*natsu matsuri*	festival d'été	juillet-août
忘年会	*bounenkai*	fête de fin d'année	dernière semaine de décembre
大晦日	*oomisoka*	le réveillon	31 décembre

7. Les mythes et le folklore

Quel est le point commun entre le renard à neuf queues de *Naruto*, l'Amaterasu de *Fire Force*, les *tanuki* de *Kemono Jihen* et Moro, le loup de *Princesse Mononoke* ? Tous ces personnages sont issus des mythes japonais et plus précisément de l'univers fantastique des *youkai*.

Mais c'est quoi un youkai ?

Le mot *youkai* signifie « fantôme, apparition » mais aussi « gobelin, démon, monstre » selon le contexte.
Parfois appelées *mononoke*, *ayakashi* ou encore *mamono*, ces créatures surnaturelles sont omniprésentes dans la culture et la littérature japonaises.

Les *youkai* sont les esprits personnifiés de toutes les choses inexplicables et invisibles qui peuvent tourmenter, mais aussi aider les humains ; et leurs légendes transmises de génération en génération permettaient de se prévenir de certains dangers.

De *Kitaro le repoussant* à *Youkai Watch,* en passant par *xxxHolic* de CLAMP ou encore la série anime *Mononoke*, les *youkai* sont partout, dans tous les genres et à tous les âges.

Les termes issus de l'univers des youkai

Souvent espiègles, parfois malveillants, rarement porte-bonheur, les *youkai* prennent souvent la forme d'animaux et sont reconnaissables d'une série à l'autre, bien que les mangas et les animes où ils apparaissent transforment leurs caractéristiques bien connues de tous.

Les *kitsune*

Un des *youkai* les plus présents dans les mangas et le folklore japonais, le *kitsune* est un renard pouvant avoir jusqu'à neuf queues. Il est le protecteur et le messager de nombreux temples *shintou*, dont le plus réputé du Japon se trouve à Kyōto, le temple Fushimi Inari.

Repris dans *Naruto*, mais aussi dans *Le Royaume des chats* du Studio Ghibli, ou encore à travers Feunard dans Pokémon, le *kitsune* est très intelligent, et plus il a de queues, plus ses pouvoirs, sa force et son intelligence sont décuplés.

Les *kami*

Les *kami* sont les dieux peuplant la Terre, les esprits et forces de la nature, vénérés dans l'archipel.
Entre Amaterasu, la déesse du soleil, son frère Susanoo, le dieu de la mer, Tsukiyomi, le dieu de la lune mais aussi Izanami et Izanagi, les créateurs des autres dieux, les *kami* ont largement été exploités dans la culture manga, de *Naruto* à *Ghost in the Shell* en passant par *Blue Seed* et *Fire Force.*

Les *kappa*

Les démons des rivières nommés *kappa* sont de petites créatures sournoises et vilaines qui attirent les enfants dans les rivières pour les manger tout crus ! Ce monstre entre crapaud, oiseau et tortue est farceur, très intelligent et raffole de concombre ! En cas de doute, jeter un concombre pour occuper et apaiser les *kappa* dans une rivière est toujours une bonne idée.

Les *oni*

Si la légende veut que les *oni*, ou ogres des montagnes, soient des démons avec la peau rouge et des cornes, une large bouche et des crocs, qui ne se séparent pas de leur masse et sont profondément malveillants, des séries comme *Tougen Anki, Even if you slit my mouth* ou encore *Witch Watch* viennent contrebalancer cette vision négative des *oni* en les décrivant tantôt comme victimes de leurs pouvoirs ou encore comme bienveillants envers leurs proches.

Les *shinigami*

Mis en avant à travers les mangas *Death Note* et *Bleach,* les *shinigami* sont des divinités de la mort. Si Ryuk dans *Death Note* n'a de cesse de s'amuser et de voir jusqu'où Kira ira dans sa folie meurtrière, Ichigo - le héros de *Bleach* - agit, lui, plus comme un exorciste qui purifie les âmes perdues attaquant les humains.

Les *tanuki*

Ratons laveurs pourvus d'énormes testicules - symboles de richesse et de prospérité -, les *tanuki* sont très populaires au Japon. Cet esprit de la forêt, à bonne tête, petite bedaine et muni d'une gourde de *sake*, est d'humeur farceuse et a le pouvoir de se transformer à sa guise pour duper les humains. Il est vénéré dans de nombreux sanctuaires, où des statuettes et des souvenirs à son effigie sont vendus partout au Japon.

Les *tengu*

Démons-oiseaux à visage rouge et long nez, les *tengu* sont des *youkai* populaires dans l'archipel nippon. Protecteur des montagnes et de la forêt, son visage ne vous est sans doute pas inconnu, puisqu'il a largement été repris dans l'univers fantastique manga. Au théâtre et dans les festivals, les masques de *tengu* à l'expression effrayante sont monnaie courante.

Les exorcistes

Exorciser des fantômes et tuer des démons ont toujours été un grand thème de la culture *shounen*. Mélange de fantastique, d'horreur, du monde de la nuit, de combats et d'aventures, les mangas sur l'exorcisme ont encore et toujours le vent en poupe.

Si les styles et les époques varient, le but ultime est souvent de sauver le monde d'une terrible menace : la domination et l'extermination des humains par les démons.

Qu'ils viennent de l'ère Taishō avec *Kimetsu no Yaiba*, qu'ils soient dans un institut pour développer leurs pouvoirs comme dans *Blue Exorcist* ou *Jujutsu Kaisen*, ou encore peu ambitieux comme Yoh dans *Shaman King* ou Yoshimura dans *Kekkaishi*, qui ne souhaitent que vivre une petite vie tranquille, les héros affrontent malgré eux les épreuves avec courage, accompagnés de leurs fidèles compagnons.

Plus rares, les mangas exorcistes de type tranches de vie se concentrent davantage sur le développement des personnages et du monde qui les entoure, avec la part belle faite aux *youkai*. En effet, il est assez courant que ces derniers soient eux-mêmes dépeints de manière positive, voire comme étant les héros de l'histoire, à l'instar de *Toilet Bound Hanako-kun* ou encore *Noragami*.

La parade nocturne des cent démons

Illustrée dans de nombreuses estampes, peintures et récits, mangas et animes, *Hyakki yakou* ou « la parade nocturne des cent démons » est une légende disant que, chaque été, les *youkai* prennent d'assaut les nuits estivales, obligeant les habitants à se réfugier chez eux sous peine d'y perdre la vie.

Souvent, les séries *shounen* parlant de *youkai* mêlent fantastique, aventures et exorcisme, comme dans le très célèbre *Inu Yasha,* de Rumiko Takahashi. L'histoire de ce personnage mi-chien démon, mi-humain a eu un franc succès en Occident et a été adaptée en plusieurs langues, en manga comme en anime.

En *seinen*, on retrouve *Mushishi*, de Yuki Urushibara qui sans parler de *youkai*, introduit la notion des « *mushi* », ces petits parasites qui gangrènent le corps humain. Plus posé et poétique, ce manga aux élans de tranche de vie a touché de nombreux lecteurs et a été adapté en anime sur deux saisons.

Et le shintoïsme dans tout ça ?

Philosophie, mythologie et religion, le shintoïsme est un ensemble de croyances et légendes japonaises faisant partie de la vie quotidienne nippone.

Venant du *shintou* ou « la voie divine », cette pratique englobe un mélange d'éléments polythéistes et animistes. Polythéistes de par la croyance en plusieurs divinités, et animistes car le divin est partout et tout est divin. Le shintoïsme est apparu au VIe siècle et se différencie du bouddhisme, dans son vocabulaire, ses rites, ses traditions et ses lieux de culte. Près de 100 millions de Japonais le pratiquent aujourd'hui et il est profondément ancré dans la culture nippone.

Grand défenseur de la culture japonaise *shintou*, Miyazaki a tendance à dépeindre les sociétés modernes comme des agents de la destruction du spirituel et du sacré, engendrant un déclin écologique du pays.

Avec plus de 500 *youkai* et *kami* dans le folklore japonais, les animes et les mangas ont encore de quoi faire et ont toujours beaucoup à nous apprendre sur les mythes et les légendes japonaises !

8. La technologie au-devant de la scène

Malgré l'attachement que les créateurs ont sur leurs légendes et traditions, les mangakas et animateurs se tournent toujours autant vers l'avenir, la technologie et l'inconnu. À partir des années 80, les plus grands succès de la japanimation voient le jour avec des thèmes très tournés vers l'espace, l'intelligence artificielle et les technologies futuristes.
Mecha, post-apocalyptique, SF, *fantasy*, *space opera*... on revient sur tous les termes qui façonnent les mangas et la japanimation depuis plus de quatre décennies.

Le space opera

Dans l'espace, pas de son, mais une myriade d'épopées galactiques à inventer et raconter. Et s'il y a bien un univers qui a adopté le style *space opera*, c'est le monde de la japanimation. Ce sous-genre de la science-fiction, popularisé par *Star Trek* et *Star Wars*, mélange voyage et vie intergalactique, conflits entre les terriens et les extra-terriens.

De *Cobra*, *Albator* et *Knight of Sidonia* en passant par *Les Héros de la Galaxie, Space Brothers* ou encore *Cowboy Bebop,* les mangakas et animateurs raffolent de ces univers ultra-avant-gardistes où toutes les technologies sont permises et le voyage interstellaire est une formalité.

Production originale des studios Sunrise, *Cowboy Bebop* est un OVNI atypique. L'œuvre de Shin'ichiro Watanabe est un mélange des styles et des genres, un drame *seinen* saupoudrée d'aventures de chasseurs de prime intergalactique. Ne suivant pas les codes des *seinen*, sans être un *full space opera*, ni même un anime *mecha*, *Cowboy Bebop* est un tout, une aventure humaine et technologique, entre tranche de vie, comédie jazz, drame, mafia et scènes épiques.
Contrairement au *shounen* initiatique, on entre ici dans le quotidien de cette fine équipe de bras cassés, ni bons ni mauvais, qui essaient juste de payer les prochaines factures.

Si dans les animes et mangas habituels de *mecha* et *space opera*, le public est souvent bercé et aiguillé dans ce monde, à travers les yeux du protagoniste novice, parfois pilote malgré lui à la Shinji dans *Neon Genesis Evangelion* ; ou génie en la matière comme Amuro Ray dans *Gundam*, les séries comme *Cowboy Bebop* ou *Les Héros de la Galaxie* se concentrent sur des adultes, déjà en pleine possession de leurs pouvoirs et capacités. C'est le développement et la résolution de leur voyage qui nous est relatée.

Le mecha

Le style *mecha*, prononcé /mèka/, est un genre issu de la science-fiction, où les innovations technologiques et mécaniques ont une part primordiale dans l'intrigue. Leur point commun ? Les robots.
Eh oui, une série sans robot ne peut être qualifiée de « *mecha* », bien qu'ils puissent être utilisés comme moyen et non comme fin scénaristique. Les personnages utilisent et se battent dans des armures mobiles, sortes de chars d'assaut lourdement armés de forme humanoïde, et dont les meilleurs modèles sont presque indestructibles.

Si certaines séries *mecha* comme les séries *Gundam*, *Mazinger Z* ou encore *Goldorak*, apportent une grande importance aux robots, à leur design, à qui peut ou non les piloter, et ont leurs propres *goodies* et fanbase, certaines séries elles préfèrent se concentrer sur les pilotes, les robots n'étant rien de plus qu'un outil au service de la narration. C'est par exemple le cas dans *Code Geass,* mélange de SF et *fantasy*, ou encore dans *Eureka Seven,* où les personnages eux-mêmes sont la clé, et leurs pouvoirs le pivot déclencheur de l'intrigue.

Et comment parler de *mecha*, sans aborder la série qui a façonné une grande partie de ce pan de la japanimation ?

Mélange entre *mecha*, SF et drama psychologique, la série la plus connue pour torturer ses fans est bien entendu *Neon Genesis Evangelion.* Créé par Hideaki Anno, *Evangelion* a enfin connu sa fin définitive en 2021 à la sortie du dernier opus au cinéma, plus de 30 ans après ses débuts. Mélange entre le genre *mecha* - où les héros doivent piloter des robots géants pour se battre contre l'ennemi - post-apocalyptique et anime introspectif, *NGE* fait la part belle aux sentiments et à la psychologie des personnages, mettant l'humain et ses émotions au centre de tout, et décrivant ce dernier comme étant son propre pire ennemi.

Le post-apocalyptique cyberpunk

Les séries de science-fiction ont tendance à ouvrir le dialogue et laissent en suspens certaines parties non élucidées de l'intrigue. Et on ne peut décemment pas parler de manga et de SF post-apocalyptique sans aborder deux piliers du genre, c'est-à-dire *Ghost in the Shell* et *Akira*.

Souvent imité, jamais égalé, *Akira* est un *seinen* écrit par Katsuhiro Ōtomo et publié dans les années 80.
Ses influences se retrouvent partout, de *Ready Player One* aux films de Satoshi Kon, en passant par l'auteur de *Naruto*, Kishimoto avouant lui-même qu'il a travaillé sur son petit ninja en émulant le travail d'Ōtomo. Jusqu'à aujourd'hui les fans d'animes et de mangas vouent un culte à *Akira*, de la moto rouge de Kaneda à l'animation digne des plus grands Miyazaki. Le monde d'*Akira* est un monde post-apocalyptique où des ados tentent de se dresser contre l'ordre établi, quitte à se perdre en chemin.

Sorti en 1991, *Ghost in the Shell* de Masamune Shirow dépeint le monde des années 2030 où cyborgs, humains et intelligences artificielles s'affrontent à travers la traque d'un cybercriminel prénommé le marionnettiste. La portée philosophique rejoint celle de l'œuvre d'*Evangelion*, où les auteurs interrogent l'humain, son évolution, les frontières entre le corps, l'esprit et l'inconnu. Si les Eva ont inspiré de nombreuses œuvres dans la japanimation, les œuvres comme *Ghost in the Shell* continueront d'inspirer encore et toujours les médias populaires occidentaux comme la saga *Matrix*, la série *Westworld* de HBO, ou encore *Avatar*.

Conclusion

終わり!

Le mot de la fin

La culture japonaise ne se limite pas et ne peut être résumée à ce que les mangas et les animes nous en présente. Cependant, nul doute que ces médias permettent une approche digeste et certes subjective du pays.

Fascinant et profondément différent des pays de culture occidentale, le Japon n'aura de cesse de puiser dans son histoire mais aussi d'emprunter aux autres civilisations pour enrichir ses récits, nous proposer des histoires toujours plus farfelues, plus épiques, plus touchantes et riches dans leurs personnages, perspectives et formats.

Et bien qu'il soit évident qu'apprendre une langue ne peut se résumer à comprendre quelques tropes, savoir quelques structures de phrases et quelques mots de vocabulaire, c'est cette première démarche, ce premier pas en avant digne des meilleurs *shounen* qui vous poussera à continuer et à dépasser vos limites !

Grammaire, vocabulaire, syntaxe, accents, culture générale... quoiqu'en disent les réfractaires et puristes, être un *otaku* est une manière tout aussi légitime qu'une autre d'apprendre cette fabuleuse langue qu'est le *nihongo*, alors à vos mangas et vos animes en VO !

皆さん、この本を買ってくれてありがとうございました!

Minasan, kono hon wo katte kurete arigatou gozaimashita !

さようならぁぁぁぁ~!

Sayounaraaaa~ !

Crédits iconographiques
©iStock

- yopinco : couverture
- noel_delMar : p. 14.
- seijirooooooooo : pp. 15, 21, 22, 23, 25, 27, 32, 33, 34, 35, 36, 37, 38, 45, 51, 55, 59, 60, 76, 81, 87, 97, 100, 104, 105, 106, 107, 114, 117, 132, 135, 138, 186
- ifc2 : p. 39
- Анастасия Бойко : p. 40
- Kiku : p. 41
- shintako : pp. 47, 48, 49, 57, 58, 60, 62, 63, 64, 65, 66, 67, 68, 69, 70, 71, 72, 73, 74, 75, 76, 77, 78, 101, 102, 103, 108, 109, 110, 111, 112, 148, 149, 158, 162, 169, 171, 178, 180
- pico : p. 147
- morita kenjiro : p. 153
- Veronika Oliinyk : p. 154 (sushi)
- kesuken: p. 154 (donburi)
- laymul : p. 165
- Grand Reignhart : p. 174
- Natalia Kosheleva : p. 175
- Sudowoodo : p. 176

34/38, rue Camille-Pelletan - 92309 Levallois-Perret Cedex
Imprimerie Evoluprint - 31151 Fenouillet Cedex
Imprimé en France - 4e trimestre 2022

SERVICE ÉDITORIAL : Thomas Beddok, Benjamin Dias Pereira, Deborah Lopez, Lou Meyssonnier, Eva Nouzille, Myriam Pasek

CONCEPTION GRAPHIQUE : Lauren Arlot, Alexandre de Gassowski

Dépôt légal à parution
ISBN 978-2-7590-4985-1